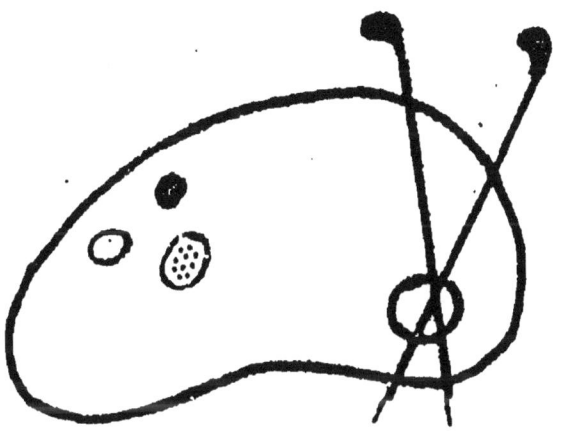

Couvertures supérieure et inférieure
en couleur

SUPPLÉMENT

AU

RÉPERTOIRE ARCHÉOLOGIQUE

DE L'AUBE

REVUE CRITIQUE

POUVANT SERVIR DE

SUPPLÉMENT

AU

RÉPERTOIRE ARCHÉOLOGIQUE

DU DÉPARTEMENT DE L'AUBE

PAR

M. ÉMILE SOCARD

Rédacteur en chef du journal l'Aube, Bibliothécaire-adjoint de la ville de Troyes
Membre résidant de la Société Académique de l'Aube
et d'autres Sociétés savantes

ET

M. THÉOPHILE BOUTIOT

Membre résidant de la Société Académique de l'Aube

―――⋘✻⋙―――

TROYES

E. BRÉVOT, LIBRAIRE-ÉDITEUR
5, rue de l'Hôtel-de-Ville
―
1861

AVANT-PROPOS

Commençons par payer un juste tribut d'éloges à l'auteur du *Répertoire archéologique;* son œuvre est un beau monument élevé à la gloire de notre pays, et c'est avec raison que M. le Ministre de l'Instruction publique l'a proposée comme archétype aux travaux analogues qui doivent s'élaborer dans chaque département de l'Empire : le plan en est bien tracé; nous voudrions ajouter qu'il est aussi bien rempli. Mais, quoiqu'il nous en coûte, nous dirons à notre collègue de la Société Académique de l'Aube, M. d'Arbois de Jubainville, que son travail est incomplet. Il est impossible, nous répondra-t-on, qu'un travail de cette nature puisse du premier jet être exempt de toute lacune. Nous l'avouons volontiers ; aussi la Société Académique de l'Aube, sous l'inspiration d'une circulaire de M. le Ministre, avait compris que le *Répertoire* devait être une œuvre collective, et faisant appel à la science et à la bonne volonté de ses membres, surtout de ceux qui connaissent parfaitement le pays, elle avait adjoint à M. d'Arbois une Commission choisie dans son sein. Malheureusement M. d'Arbois a cru que sa qualité d'étranger au département, fortifiée de son titre d'ancien élève à l'école des Chartes, lui suffisait pour mener à bien l'entreprise, et il a travaillé *seul*, et il n'a consulté aucun de ses collègues. Quand même le *Répertoire* n'eût pas dû en souffrir, il eût été de bon goût, ce nous semble, de faire appel, au moins pour la forme, aux lumières de la Commission. Si nous faisons ce petit reproche à M. d'Arbois, c'est que nous sommes tout-à-fait désintéressé dans la question, n'étant pas un des membres de la Commission nommée.

Nous regrettons donc que la précipitation, le désir de produire vite, ait nui d'une façon si grave à l'œuvre de M. d'Arbois. Sans doute, vue de loin cette œuvre présente un aspect assez grandiose pour captiver l'admiration ; mais pour tous ceux qui s'en approchent avec connaissance, elle ne peut être qu'une belle ébauche à laquelle la main du maître a fait défaut. Outre certaines erreurs que nous avons relevées, certaines admissions légères de documents que l'auteur aurait dû contrôler, tels, par exemple que la voie romaine, article Lusigny, connue, dit-il, sous le nom de Route-de-Bar-sur-Aube-à-Arcis, laquelle est difficile à accepter, ces deux villes étant sur la même rivière avec communications faciles, tandis que du côté de Lusigny on ne trouve que bourbier et fange, M. d'Arbois n'a rien dit des dépôts de ferriers dans la forêt d'Othe, monuments celtiques ou tout au moins gallo-romains du plus haut intérêt. Il n'a rien dit des clôtures de finages de Bourdenay et Bercenay en grès levés sur une grande étendue. Enfin il a tellement négligé la Bibliographie, que c'est seulement en glanant après lui que nous avons composé une partie notable de la gerbe présentée aujourd'hui comme *Supplément*. Et quand nous songeons qu'il suffisait à l'auteur de consulter ses collègues pour éviter toutes les erreurs, compléter son ouvrage et lui donner un cachet vraiment sérieux, nous nous croyons le droit d'exprimer nos regrets à ce sujet.

Persuadé qu'une étude, même peu minutieuse, arriverait à compléter notablement le *Répertoire archéologique*, nous avons recherché, avec l'aide de quelques amis, les documents que nous donnons aujourd'hui. On s'étonnera peut-être d'en voir figurer quelques-uns dont l'importance ne paraît pas démontrée au premier coup-d'œil. D'abord tout est important en pareille matière ; ensuite nous pouvons affirmer que pas un des articles de notre *Supplément* n'est moins intéressant que beaucoup de ceux contenus dans le *Répertoire,* qui du reste nous a servi de guide. On jugera si, en présence des matériaux que nous avions sous la main, nous avons dû les mettre à la disposition de la science. Ce ne sera certes pas encore le dernier mot de l'archéologie dans le département de l'Aube, nous n'avons pas la prétention de le croire ; au contraire, notre opinion est, qu'en visitant consciencieusement les lieux, on pourrait aisément doubler le *Répertoire archéologique*.

Emile Socard.

REVUE CRITIQUE

POUVANT SERVIR DE

SUPPLÉMENT

AU

RÉPERTOIRE ARCHÉOLOGIQUE DE L'AUBE.

RENSEIGNEMENTS BIBLIOGRAPHIQUES
ET ABRÉVIATIONS.

A. A. *Annuaire du département de l'Aube.* Troyes, Bouquot, 1826-1861.

A. P. *Album pittoresque et monumental du département de l'Aube,* dessins de M. Fichot, texte de M. Aufauvre, 1 vol. in-fol. Troyes, Caffé, 1852.

C. A. *Congrès archéologique de France,* séances générales tenues à Troyes, en 1853, par la Société française pour la conservation des monuments historiques, 1 vol. in-8°. Paris, 1854.

P. A. *Portefeuille archéologique de la Champagne,* par M. A. Gaussen, avec un texte par MM. E. Lebrun et d'Arbois de Jubainville, 1 vol. in-4°. Bar-sur-Aube, M⁰ Jardeaux-Ray, 1860.

S. A. *Mémoires de la Société d'agriculture, des sciences, arts et belles-lettres de l'Aube.* Troyes, 1822-1861, 25 vol. in-8°.

V. A. *Voyage archéologique et pittoresque dans le département de l'Aube et dans l'ancien diocèse de Troyes,* publié sous la direction de A. F. Arnaud, peintre, 1 vol. in-4°. Troyes, 1837.

ARRONDISSEMENT D'ARCIS-SUR-AUBE.

CANTON D'ARCIS-SUR-AUBE.

(Chef-lieu : Arcis.)

ALLIBAUDIÈRES. *Époque moderne.* A l'église paroissiale de Saint-Antoine, statue de la Vierge du XVIᵉ siècle, remarquable par son costume royal qui rappelle cette époque; elle était dorée, excepté la figure peinte en couleur de carnation.

ARCIS-SUR-AUBE. *Ép. romaine.* Tête de statue antique, en pierre, et petite statuette en bronze, trouvées en 1858, dans la rivière d'Aube, et conservées au Musée de Troyes. — Consulter sur le cimetière antique, situé au sud d'Arcis, et sur les objets nombreux que renfermaient les fosses funéraires, une notice de M. Camut-Chardon, accompagnée de quatre planches représentant 34 objets. (S. A. 1837, tom. 8, p. 102-113.) Le Musée de Troyes en possède six : quatre pièces de poteries et deux médailles petit bronze, l'une de Faustine jeune, l'autre de Tetricus fils. || *Moyen âge.* Ancien château féodal dont les traces sont très-visibles ; fortifications, fossés. Des substructions découvertes depuis quelques années indiqueraient des fortifications antérieures à l'époque féodale. || *Ép. moderne.* Portail de Saint-Etienne d'Arcis-sur-Aube, publié par les auteurs des voyages pittoresques et romantiques dans l'ancienne France. Champagne. — Belle lithographie du château d'Arcis, sous le titre de château de Labriffe, dans les Vues pittoresques des châteaux de France, par Blancheton.

AUBETERRE. *Moyen âge.* Château fort du XVe siècle, élevé pendant les guerres des Anglais, aujourd'hui détruit.

CHÊNE (LE). *Ép. romaine.* Fers de lance, lames et autres débris d'armes gallo-romaines, conservés au Musée de Troyes.

MAILLY. *Moyen âge.* Carreaux en terre émaillée, curieux par leurs dessins et leurs inscriptions, XIIIe siècle, trouvés dans l'église de Mailly et conservés au Musée de Troyes.

MONTSUZAIN. *Moyen âge.* Château fort du XVe siècle, aujourd'hui détruit.

POUAN. *Ép. romaine.* Un chaudron et un bassin en cuivre, trouvés sur le territoire de Pouan, à 40 mètres de distance de la fosse funéraire qui contenait le squelette découvert en 1842, lequel était décoré des insignes en or donnés au Musée de Troyes par l'Empereur Napoléon III. Conservés au Musée de Troyes. || *Moyen âge.* Château fort du XVe siècle, aujourd'hui détruit. || *Ép. moderne.* A l'église, belles peintures sur bois du XVIe siècle, représentant la Naissance, la Mort et l'Assomption de la Vierge. — Magnifique rétable en bas-reliefs ; personnages sculptés en bois, XVIe siècle, représentant trois scènes de la vie du Christ : le Portement de Croix, le Crucifiement et la Résurrection. (Voir à ce sujet l'*Arcisien*, 1860, p. 89-93.)

SEMOINE. *Moyen âge.* L'église était précédée d'un très-beau porche roman, beaucoup plus riche que celui de Moussey, détruit en 1853. Belle piscine cachée sous une boiserie. (C. A. 1854, p. 105).

VOUÉ. *Moyen âge.* Château fort du XVe siècle, élevé probablement pendant les guerres des Anglais, aujourd'hui détruit.

CANTON DE CHAVANGES.

(Chef-lieu : CHAVANGES.)

BRAUX. *Époque romaine.* Amphore trouvée en 1830. Elle était enfouie en terre et encastrée dans une espèce de maçonnerie sur la rive droite du ruisseau le Ravel, à peu de distance de l'ancienne tour ou château. — Trois médailles s'y trouvaient, deux en moyen bronze et une en argent plaqué. Une de ces médailles porte l'effigie d'Adrien. L'amphore est conservée au Musée de Troyes. Dessin et notice dans S. A., 1832, tom. 6, p. 37 et 38.

CHASSERICOURT. *Moyen âge.* Près du village, les restes de l'ancien château fort du Châtellier, qui appartenait à François l'Hopital, maréchal de France.

CHAVANGES. *Ép. moderne.* A l'extrémité des toitures de l'église, plusieurs épis de fer battu, à dessins de fleurs reproduisant des symboles royaux, XVIe siècle. Voir l'*Arcisien*, 1860, p. 96-101.

JASSEINES. *Ép. celtique.* Dans la tombelle, dite d'Aulnay, on a trouvé une petite tête de bœuf en bronze, conservée au Musée de Troyes.

LENTILLES. *Ép. moderne.* Joli épi en plomb sur l'église, XVIe siècle. Croix processionnelle ancienne appendue à un pilier.

MAGNICOURT. *Ép. moderne.* Cartouche sculpté en marbre noir, XVIe siècle, avec une jolie inscription en vers à la mémoire de Louis de Lormeau, seigneur de Magnicourt. L'*Arcisien*, 1860, p. 93-96.

CANTON DE MÉRY-SUR-SEINE.

(Chef-lieu : MÉRY.)

CHAUCHIGNY. *Époque moderne.* A l'église paroissiale de la Nativité de la Ste-Vierge, statues en pierre, du XVIe siècle, placées de chaque côté du maître-autel. — Bénitier en pierre, à pans, sculpté, style Renaissance. — Fragments de vitraux assez bien conservés.

DROUPT-SAINTE-MARIE. *Ép. moderne.* Sur le territoire de cette commune, Le Ruez, ancien manoir du XVIe siècle, dans les fossés duquel le Ruez prend sa source.

ETRELLES. *Ép. romaine.* La fiole antique en verre, trouvée dans un cercueil de pierre découvert dans le Carré d'Etrelles, est conservée au Musée de Troyes. — Consulter sur le camp ou *Carré* d'Etrelles — et non les *Carrés* — la note de M. Boutiot, insérée dans l'*Arcisien*, 1861, p. 97-100.

GRANDES-CHAPELLES (LES). *Moyen âge.* Nombreux caveaux fort profonds, connus sous le nom de *Boves*, peut-être parce qu'ils étaient destinés à cacher les troupeaux pendant les temps de guerre.

MÉRY-SUR-SEINE. *Moyen âge.* Château fort qui commandait le passage de la Seine. Il n'en reste rien.

PLANCY. *Moyen âge.* Emplacement du vieux château, et ses fossés encore visibles.

SAINT-MESMIN. *Ép. celtique* (?). Au hameau de Courlange, près du ruisseau de Saint-Georges, tertre de forme à peu près carrée, nommé Montémini. || *Moyen âge.* La Chapelatte, au midi et près du chemin de Troyes, lieu où existait une chapelle dont les ruines forment un tertre. Cette chapelle rappelle le martyre du diacre saint Mesmin, compagnon de saint Loup, Ve siècle.

SAINT-OULPH. *Ép. celtique.* Fer de lance, trouvé sur le territoire de la commune et conservé au Musée de Troyes. || *Ép. romaine.* Cercueils en pierre découverts en creusant le canal. — Vases et monnaies. || *Moyen âge.* Ville fermée.

SAVIÈRES. *Ép. moderne.* A l'église paroissiale de Saint-Martin, croix processionnelle gothique, XVe ou XVIe siècle. — Une autre croix processionnelle, Renaissance grecque XVIe siècle. — Pierre tombale en marbre noir du XVIe siècle.

CANTON DE RAMERUPT.

(Chef-lieu : RAMERUPT.)

DAMPIERRE. *Ép. moderne.* Belle lithographie de son château avec notice dans les Vues pittoresques des châteaux de France, par Blancheton, tom. 2, p. 85-87. — Consulter sur cette commune et sur son église. *A. A.*, 1833, p. 132-135, et l'*Arcisien*, 1861, p. 119-123.

LONGSOLS. *Moyen âge.* Emplacement du château. — Fossés encore remplis par des eaux de la Sorge.

POIVRE. *Ép. romaine.* Médaille romaine d'Adrien, très-bien conservée, avec un revers très-rare, trouvée en 1829. (C. A., 1854, p. 53.) || *Moyen âge.* Le hameau de la

Folie, appelé aussi, du temps de Courtalon, Targes-la-Cité, a remplacé l'ancien et important village de ce nom détruit au xv⁰ siècle, ainsi que l'église et le château ou maison forte, situé sur une éminence où l'on a trouvé des urnes et des ossements en 1755.

TROUAN-LE-GRAND. Courtalon (voir l'article précédent), place le village de Targes sur le territoire de Poivre.

VAUPOISSON. *Ép. romaine.* La statue antique en bronze, représentant Apollon, a été trouvée, en 1813, par M. Gérard. L'un des bras et la partie supérieure de la tête, ceinte d'une branche de laurier, qui manquent à cette statue précieuse, avaient été trouvés l'année précédente dans le même emplacement, mais ont été perdus. — Médaille romaine de Constantin, petit bronze, trouvée en 1853, à l'endroit même d'où a été extraite, en 1813, la statue en bronze d'Apollon. Conservée au Musée de Troyes. (S. A., 1857, tom. 21, p. 420.)

ARRONDISSEMENT DE BAR-SUR-AUBE.

CANTON DE BAR-SUR-AUBE.

(Chef-lieu : BAR-SUR-AUBE.)

BAR-SUR-AUBE. *Époque romaine.* Ancienne *Segessera* de la Table Théodosienne, qui possède des substructions importantes, soit dans la vallée, soit au haut de la montagne Sainte-Germaine, sur l'emplacement non pas seulement d'un camp mais d'une ville, ce qui est attesté par la présence de nombreux débris de tuiles répandus dans l'enceinte déterminée par les fossés. Voir S. A., 1861, tom. 25, p. 66-67. — La chapelle Sainte-Germaine, les restes d'un tombeau trouvé dans les ruines romaines de la côte Sainte-Germaine, les ruines du Châtelet, l'ancienne porte Villerotz ou du Châtelet, débris de monument détaché de la fortification de la côte Sainte-Germaine, les restes de l'ancienne porte de Bar : six planches lithographiées par Fichot et Bailly, faisant partie de l'*Histoire de Bar-sur-Aube,* par M. Chevalier. || *Moyen âge.* Vaste église consacrée à sainte Germaine sur la montagne, en 1073, aujourd'hui remplacée par une humble chapelle. (*Almanach de la Champagne,* 1861, p. 112-115.) L'abside de l'ancienne église existe encore ; elle forme deux culs de four. — Porte latérale et transept de l'église Saint-Pierre à Bar-sur-Aube; porte méridionale de l'église Saint-Pierre à Bar-sur-Aube : deux planches publiées avec notice par les auteurs des Voyages pittoresques et romantiques dans l'ancienne France, Champagne. — On voit à l'église Saint-Pierre une belle peinture sur bois du xvi⁰ siècle, représentant la Trinité figurée par trois personnages entièrement semblables, dominant une foule en adoration dont elle est isolée par sept ciels représentés par sept couleurs : sujet rare et remarquablement traité. — Vue d'une des portes latérales de la nef de l'église Saint-Maclou à Bar-sur-Aube; Tour et porte latérale de l'église Saint-Maclou à Bar-sur-Aube; Vue d'une partie de la nef et du chœur de l'église Saint-Maclou à Bar-sur-Aube : trois planches publiées par les auteurs des Voyages pittoresques et romantiques dans l'ancienne France, Champagne. — Une vue de l'église Saint-Maclou, par Laurent, dans l'*Almanach de Bar-sur-Aube,* 1854, p. 63. — A St-Maclou, calice en vermeil d'une époque inconnue, mais antérieure au xvi⁰ siècle. Voir P. A., Orfévrerie, p. 6. — Le Pont d'Aube. Vue de la chapelle du Pont d'Aube. Bar-sur-Aube, Laurent, lith. Jardeaux-Ray. — Le pont Boudelin, près de Bar-sur-Aube, dont la légende attribue au diable la construction, laquelle en partie remonte au xiii⁰ ou au xiv⁰ siècle. || *Ép. moderne.* Maison en pierre, du xvi⁰ siècle, rue des Boucheries à Bar-sur-Aube, publiée par les auteurs des Voyages pittoresques et romantiques dans l'ancienne France, Champagne, et dans V. A., p. 205, en grande partie détruite. — Consulter sur la ville de Bar-sur-Aube et sur son canton A. A., 1837, p. 133, Recherches... destinées à la statistique du département.

BAYEL. *Ép. romaine.* Restes d'un pont romain sur l'Aube, appelé pont Beursin, ou Percin.

COUVIGNON. *Moyen âge.* Une grande lame d'épée et des fers de chevaux très-anciens, trouvés sur le territoire de cette commune et conservés au Musée de Troyes.

VILLE-SOUS-LA-FERTÉ. *Moyen âge.* A Clairvaux, crosse des abbés, en cuivre doré, décorée d'émaux et de pierreries, et représentant, dans son enroulement, l'agneau crucifère, travail de Limoges; anneau pastoral et épingle, fin du XIIe ou commencement du XIIIe siècle, trouvés en 1819 dans le tombeau d'un abbé. La crosse fait partie aujourd'hui du Musée de Cluny. (V. A., p. 228-229.) — Fauteuil en bois sculpté, dit de la bienheureuse Aleth, mère de saint Bernard. Les panneaux des bras de ce siége paraissent plus modernes. (Conservé à la Bibliothèque de Troyes). — Voir sur les reliques de saint Bernard, sur l'étoffe de soie et le linceul qui les enveloppaient, l'*Almanach de Bar-sur-Seine*, 1854, p. 97. — Sceau de l'abbaye de Clairvaux, XVe siècle. (Musée de Cluny.) ǁ *Ép. moderne.* Grande armoire à deux corps et à quatre vantaux, en bois de noyer sculpté, orné de sept cariatides en relief, couvert d'ornements et d'arabesques, exécuté, dit-on, par les moines de l'abbaye, règne de Henri II. (Conservée au Musée de Cluny.) — Clairvaux. Dessin par Fichot, notice par Aufauvre. (A. P., p. 83-84). — Deux plans de l'ancienne église de Clairvaux et de l'église reconstruite figurent au V. A., p. 229. — Un portrait de saint Bernard avec une petite notice sur l'abbaye de Clairvaux. (*Almanach de Bar-sur-Aube*, 1854, p. 65.)

CANTON DE BRIENNE-NAPOLÉON.

(Chef-lieu : BRIENNE-NAPOLÉON.)

BLAINCOURT. *Époque moderne.* L'église possède deux petits tableaux d'environ 33 à 35 centimètres de hauteur, représentant deux passages de la vie de saint Loup, évêque de Troyes, patron de la paroisse.

BRIENNE-LA-VIEILLE. *Moyen âge.* Dans la contrée des Rainais, ruines d'anciennes constructions appelées *les Caves*.

BRIENNE-LE-CHATEAU. *Moyen âge.* A l'ancien château de Brienne est attaché une légende de Mélusine.

HAMPIGNY. *Moyen âge.* Le château des Closets détruit à la fin du XVIe siècle dans la guerre de la Ligue. On voit encore aujourd'hui les lignes de circonvallation de ce château et quelques vestiges du fief de la Marcelle situé sur le même territoire.

LESMONT. *Ép. celtique.* Deux haches en silex faisant partie de la collection de M. Adnot, de Chappes. ǁ *Ép. moderne.* Son église possède un jeu d'orgues ancien, meuble rare dans les églises rurales.

PEL-ET-DER. *Ép. inconnue.* Butte de Montrelat; c'est un ovale de 180^m sur 60, ayant 8^m de hauteur. Un fossé existe au midi, on y trouve des tubes en terre cuite.

PERTHES. *Ep. moderne.* Ancienne peinture sur bois bien détériorée, servant de rétable au maître-autel de l'église, et représentant saint Denis et saint Nicolas qui en sont les patrons.

PRÉCY-NOTRE-DAME. *Moyen âge.* Autrefois Précy-les-Tours. Dans la contrée d'Antisabelle, ruines appartenant au Moyen âge.

ROSNAY. *Moyen âge.* Eglise de Rosnay, publiée avec notice par les auteurs des Voyages pittoresques et romantiques dans l'ancienne France, Champagne. — Vue générale de la crypte de l'église, publiée dans le même ouvrage. — Crypte de l'église de Rosnay, chapelle Saint-Roch, publiée dans le même ouvrage.

VALENTIGNY. *Moyen âge.* On remarque à l'église paroissiale de Saint-Antoine, une jolie piscine du XVI° siècle.

CANTON DE SOULAINES.

(Chef-lieu : SOULAINES.)

CHAIZE (LA). *Moyen âge.* Appelée anciennement Ferrière. — Exploitation de minerai de fer. — Chapelle Saint-Yvose, isolée dans le bois de Bouron.

CHAUMESNIL. *Moyen âge.* Commanderie de Beauvoir, de l'ordre teutonique, dont on voit encore un pan de muraille et une tourelle.

FULIGNY. *Moyen âge.* A l'église paroissiale de Saint-Laurent, le mausolée de Guillaume de Fuligny, qui accompagna saint Louis en Palestine, monument datant de 1323, existant encore du temps de Courtalon, aujourd'hui détruit.

MORVILLIERS. *Moyen âge.* Exploitation de minerai de fer.

CANTON DE VENDEUVRE.

(Chef-lieu : VENDEUVRE.)

BLIGNY. *Moyen âge.* Monnaies de Charles-le-Chauve et de Louis-le-Germanique, découvertes en 1868 sur le territoire de cette commune. (S. A., 1861, tom. 25, p. 84.) — Château fort, aujourd'hui détruit, dont la base était arrosée par les eaux du Landion.

BOSSANCOURT. *Ép. romaine.* Cimetière antique signalé par les travaux du chemin de fer en 1856, dans le bois de Couvretat, au vallon d'Arbot. On y a trouvé plusieurs squelettes, des fragments de vase, un glaive d'un mètre de longueur, des grains de collier semblables à ceux du cimetière de Verrières. (S. A., 1857, tom. 21, p. 417. || *Moyen âge.* Ancien manoir féodal remplacé par un château moderne.

SPOIX. *Ép. moderne.* Fossés d'un château du XVI° siècle.

TRANNES. *Moyen âge.* Rue des Juifs, longeant le côté méridional de l'église, et qui, en dehors des maisons, s'appelle chemin des Romains.

VAUCHONVILLIERS. *Ép. celtique.* Hache en pierre de jade conservée au Musée de Troyes.

VENDEUVRE. *Ép. celtique.* Hache en silex, conservée au Musée de Troyes. || *Ép. romaine.* 2,000 médailles en or, depuis Néron jusqu'à Marc-Aurèle, trouvées dans la forêt d'Orient, par un charbonnier de Vendeuvre, au XVIII° siècle. (*Éphémérides Troy. de Grosley,* 1758, p. 8.) Voir aussi *Longueruana,* tom. 2, p. 125. L'auteur prenait ces médailles pour des Séleucus. || *Moyen âge.* En sortant de Vendeuvre, deux forts détachés, complétant le système de défense de l'ancien château : le Chaffault et le fort Brochot, aujourd'hui complétement détruits. — Forêt d'Orient, emplacement de la Commanderie d'Orient, fermé de larges fossés, XIII° siècle. — Anciennes forges de Vendeuvre et du Temple-lès-Vendeuvre, exploitées au moyen âge et jusqu'en 1540. — Près du Valsuzenay, emplacement entouré des fossés du château des Grandes-Epoisses. — Au Valsuzenay, chapelle construite sur la fontaine. — Eglise de Vendeuvre, XVI° siècle. Vue du portail, avec notice par M. Boutiot. (A. A., 1860, p. 3.) || *Ép. moderne.* Vue de son château, avec notice par

M. Boutiot. (A. A., 1859, p. 142.) — Litre ou ceinture funéraire aux armes d'une dame de Mesgrigny, tant à l'intérieur qu'à l'extérieur de l'église. La peinture à l'intérieur a été mise à nu par l'enlèvement du badigeon. — Voir sur Vendeuvre et sur son château la *Dissertation historique sur un bourg de Champagne*, par M. Pavée de Vendeuvre. — Voir aussi Note sur le bourg et le château de Vendeuvre en Champagne, par M. le comte Du Manoir, dans le C. A., 1853, p. 431-439, avec gravure sur bois représentant l'ancien château féodal avec son donjon et sa tour du diable. A ce château est attachée la légende d'une Mélusine.

ARRONDISSEMENT DE BAR-SUR-SEINE.

CANTON DE BAR-SUR-SEINE.

(Chef-lieu : BAR-SUR-SEINE.)

BAR-SUR-SEINE. *Époque romaine.* Bracelets, colliers et autres ornements antiques, trouvés près d'un squelette, au bas de la côte de Bar-sur-Seine, appelée *Côte-de-Mérite*, et conservés au Musée de Troyes. ‖ *Moyen âge.* Anciennes fortifications encore tracées à l'est et à l'ouest de la ville. — Château des comtes de Bar-sur-Seine. Plan par terre et Notice par L. Coutant. (*Almanach de Bar-sur-Seine*, 1848, p. 176-181.) — Château du XIIe et XVe siècle. Lithographie et Notice dans l'*Almanach de Bar-sur-Seine*, 1851, p. 95-97. — Emplacement de la Maison-Dieu-le-Comte, fondée au XIIIe siècle, occupé aujourd'hui en partie par les bâtiments de l'hôpital. (*Almanach de Bar-sur-Seine*, 1859, p. 59-64.) — Eglise de Bar-sur-Seine. Triforium; détails et rose du portail. Détails des vitraux, Bar-sur-Seine : deux planches publiées par les auteurs des Voyages pittoresques et romantiques dans l'ancienne France, Champagne. — Voir sur son histoire et sur son église, V. A., p. 96-105. — Près de l'église, vieille construction, ancien prieuré de Bénédictins, dont le premier étage renferme une cheminée de grandes dimensions appartenant à la période ogivale. A. P., p. 91. — Emplacement de l'ancien château du village de Villeneuve, sur les bords de la Seine, village autrefois un des plus importants du comté, en face de la papeterie de ce nom, établie en 1548, par Guy Vignier. (Voir Coutant, Excursion archéologique aux environs de Bar-sur-Seine, *Almanach de Bar-sur-Seine*, 1853, p. 82.) — Grande maison construite en bois, dite des ducs de Bourgogne, XVe siècle, récemment modifiée, mais conservant encore ses lignes caractéristiques principales. ‖ *Ép. moderne.* Pont de Bar-sur-Seine, le plus long de tout le département, réparé en 1849, mais dont le premier œuvre date au moins du XVIe siècle.

BOURGUIGNONS. *Ép. celtique.* Deux haches en silex, recueillies dans la plaine de Foolz, où elles sont assez communes. Conservées dans la collection de M. Adnot, de Chappes. ‖ *Moyen âge.* Château fort signalé par M. Boutiot. ‖ *Ep. moderne.* Hôpital du Saint-Esprit, fondé en 1596, aujourd'hui détruit. Son histoire dans l'*Almanach de Bar-sur-Seine*, 1861, p. 75-81. — A l'angle que forme, avec la route impériale de Dijon, un chemin qui conduit à Bourguignons, grande borne de limite, carrée, en pierre sculptée, rappelant par les mots suivants gravés qui courent sur les quatre faces, *Champagne, Bourgogne*, la division de la France en provinces.

CHAPPES. *Moyen âge.* Grands fossés fermant une partie du village sur la rive gauche de la Seine. — Ancienne verrerie dont les traces sont encore visibles par la présence des fragments de creusets dans l'enceinte de la propriété de M. Adnot. — Carreaux en terre émaillée, provenant de l'ancien château de Chappes, conservés au

Musée de Troyes. — Fragment de cotte de mailles, fers de lances ou de javelots, éperons, clés, monnaies, etc.; taillant en fer trouvé dans des grèves non remuées, à 4^m de profondeur et à 160^m de distance de la Seine, date inconnue, mais fort ancienne : le tout de la collection de M. Adnot. — A l'église, belle verrière de saint Loup, patron du pays. — Voir sur Chappes, sur son château et son église, V. A., p. 83-86, et l'*Almanach de Bar-sur-Seine*, 1852, p. 63-68. — Collection de M. Adnot, ancien notaire, réunissant beaucoup d'objets des trois époques, trouvés dans les environs et recueillis dans les fossés du château de Chappes.

FOUCHÈRES. *Moyen âge.* Chandelier en bronze du XIIe ou du XIIIe siècle, petite sonnette en bronze, clefs en bronze faisant partie de la collection de M. Adnot, de Chappes. — Dans l'église paroissiale de la Nativité de la Sainte-Vierge, on voit accrochés à un pilier du sanctuaire les fers d'un croisé, dont la tradition n'a pas conservé le nom, et qui, après une longue captivité, de retour dans son pays, a déposé à l'église ce singulier ex-voto. || *Ép. moderne.* Dans l'église, beau tombeau de l'abbé Elion d'Amoncourt, prieur de Fouchères, magnifiques sculptures en bon état de conservation du XVIe siècle. — La croix de pierre, près du pont, qui porte les armes de ce prieur, ne peut être du XIVe siècle. — Pont de pierre, en grande partie du XVIe siècle, avec arche marinière, portant aussi les armes de d'Amoncourt. Voir sur la chapelle sépulcrale de d'Amoncourt, V. A., p. 23-25.

FRALIGNES. *Ep. celtique.* Hache en silex trouvée sur son territoire. (S. A., 1861, tom. 25, p. 64.)

JULLY-SUR-SARCE. *Moyen âge.* Châsse en cuivre doré, surmontée de deux petites croix, dite de Saint-Gervais et de Saint-Protais, renfermant dans une boite de plomb une portion *de cerebro* des deux martyrs. — Autre petite châsse en cuivre émaillé, fermée sur le devant d'un sceau épiscopal. — Tombe de Pierre-le-Vénérable, enlevée en 1821; on y lisait : *Cy gist le bienheureux Pierre*. Cette tombe a été vendue et brisée. — Vue du portail de l'église avec Notice par M. L. Coutant. (A. A., 1854, p. 77.)

MAROLLES-LES-BAILLY. *Ép. moderne.* Inscription sur les murs de la prison seigneuriale de Lenoncourt, portant en tête : « 1630. LENONCOURT D'ANGENNES A L'OBÉISSANCE. »

MERREY. *Moyen âge.* L'église qui a précédé celle qui existe aujourd'hui était un ancien prieuré, dit prieuré de St-Pierre, de la collation de l'abbaye de Molèmes, XIe siècle. (*Almanach de Bar-sr-Seine.* 1853, p. 82-83.) — Château féodal, avec fossés, détruit au XIIIe siècle et rebâti à la fin du XIVe. Merrey conserve des traces de son ancien château par la motte qui se voit encore de nos jours. || *Ép. moderne.* Eglise paroissiale de Saint-Pierre-ès-Liens. Maître autel sculpté par Thevenin, de Langres, élève de Girardon. Belles statues de saint Pierre et de saint Paul, ornant l'autel, dues au même ciseau, XVIIe siècle. (Consulter la Notice de M. L. Coutant, A. A., 1853, p. 13.)

RUMILLY-LES-VAUDES. *Ép. romaine.* Petite figurine en bronze, faisant partie du cabinet de M. Adnot, de Chappes. || *Ép. moderne.* Ancien manoir des abbés de Molèmes, XVIe siècle. Dessin et Notice dans l'*Almanach de Bar-sur-Seine*, 1851, p. 43-44.

SAINT-PARRES-LES-VAUDES. *Ép. celtique.* Une médaille en argent, portant sur champ tête et buste de la Victoire avec des ailes; au revers, un cheval, avec cette inscription dont la fin est effacée : VLATO..., trouvée en creusant le canal, près de Saint-Parres, et conservée dans le cabinet de M. Adnot, de Chappes. Une médaille semblable a été trouvée à Trancault. (Voir ce nom.) || *Moyen âge.* Voir sur son église V. A., p. 82.

VAUDES. *Moyen âge.* Grande lampe en terre cuite, trouvée sur le territoire de la commune et conservée au cabinet de M. Adnot. || *Ép. moderne.* A l'église paroissiale de Saint-Clair, belle statue de la Vierge, XVIe siècle avec le rétable de l'époque. Ce rétable est creusé en forme d'une niche cintrée dans l'épaisseur du mur. Une guirlande fouillée en fait le tour. Le socle, d'un demi-mètre de hauteur, est formé d'arabesques à jour. La statue est entourée d'anges portant des corbeilles de fleur. — Croix en pierre sculptée, du XVIe siècle, sur le chemin traversant la commune.

VILLEMOYENNE. *Ép. celtique.* Au hameau des Hautes-Villeneuves, hache en silex trouvée au lieu dit Le Camp, et conservée dans le cabinet de M. Adnot, de Chappes. (S. A., 1861, tom. 25, p. 64.) || *Ép. romaine.* Cornaline gravée représentant une tête de femme; agrafes de manteau en bronze, conservées dans le même cabinet. || *Moyen âge.* Consulter sur son histoire et sur son église, V. A., p. 82-83.

VILLE-SUR-ARCE. *Ép. romaine.* Cimetière antique, squelettes et vases découverts en 1860, en travaillant à la route de Bar-sur-Aube à Bar-sur-Seine.

CANTON DE CHAOURCE.

(Chef-lieu : CHAOURCE.)

BALNOT-LA-GRANGE. *Moyen âge.* Ruines d'un immense manoir où sont encore des machicoulis, la place de la herse, etc. Un souterrain, communiquant à ce château, se retrouve dans une petite garenne près de Balnot. (*Almanach de Bar-sur-Seine,* 1860, p. 81-82.)

BERNON. *Moyen âge.* Emplacement de l'ancien château au nord et à environ 300 mètres du village. Fossés bien conservés. || *Ép. moderne.* Dans la vallée et près du ruisseau, fort belle croix en pierre du XVIe siècle, en bon état de conservation.

CHAOURCE. *Moyen âge.* Consulter sur l'église paroissiale de Chaource, une Notice par M. Lucien Coutant, insérée dans l'*Almanach de Bar-sr-Seine,* 1857, p. 63-64. — Maisons en bois bien conservées du XIVe et du XVe siècle. — Anciens allours, communs autrefois, rares aujourd'hui. — Dans une niche d'une maison particulière, route de Tonnerre, beau groupe en pierre représentant la Trinité, fin du XVe ou commencement du XVIe siècle. Le Père éternel en chappe et la tiare en tête est assis, soutenant la croix où est étendu le Christ, au-dessus de la tête duquel se trouve le Saint-Esprit sous la forme d'une colombe aux ailes éployées.

COUSSEGREY. *Ép. romaine.* Poterie sigillée, trouvée sur son territoire et conservée au Musée de Troyes. || *Moyen âge.* Fossés à l'ouest fermant la ville. || *Ép. moderne.* Croix de saint Jacques, au nord et sur la route de Troyes, avec une petite chapelle au-dessous, renfermant un sépulcre avec les saintes femmes : seul monument de ce genre connu dans le département, au XVIe siècle, en dehors des églises.

LAGESSE. *Ép. celtique.* Plusieurs tumuli d'une certaine importance près desquels on a recueilli des haches en silex. (S. A., 1861, tom. 25, p. 64.)

LANTAGES. *Moyen âge.* Au hameau des Bordes, ancienne chapelle, aujourd'hui remaniée. || *Ép. moderne.* Atelier monétaire, presse et coins, provenant de la seigneurie de Praslin, XVIe siècle, trouvé en 1860. (Dessin et Notice dans l'*Almanach de Bar-sur-Seine,* 1861, p. 91-93.)

LOGES-MARGUERON (LES). *Ép. moderne.* Château de Montchevreuil, ancien manoir du XVIe siècle, avec fossés aujourd'hui encore ouverts.

PARGUES. *Ép. romaine.* Au val Roussel, cimetière; nombreux ossements humains, vases, médailles et autres objets.

TURGY. *Moyen âge.* Emplacement d'un château fort. Fossés. — Église de Saint-

Loup-de-Sens dont le sol est à environ 1m 50c au-dessous du niveau des sources du Landion, situées à quelques mètres de distance.

VANLAY. *Ép. moderne.* Magnifique croix de cimetière en pierre, XVIe siècle, l'une des plus remarquables du département. — Manoir du XVIe siècle, conservé en grande partie, entouré de fossés et en dehors du pays.

VILLIERS-LE-BOIS. *Moyen âge.* Emplacement de l'ancien château signalé par une motte dominant un vaste horizon.

CANTON D'ESSOYES.

(Chef-lieu : ESSOYES.)

BERTIGNOLLES. *Moyen âge.* Château fort détruit dont il ne reste plus aujourd'hui que la motte.

BUXIÈRES. *Époque romaine.* Montagne de Chasté, que le P. Vignier signale comme ayant été occupée par une ville romaine. — Consulter sur ce village une Notice de M. L. Coutant insérée dans l'*Almanach de Bar-sur-Seine*, 1858, p. 115-117.

CHASSENAY. *Moyen âge.* Donjon fortifié au Xe siècle, remanié au XVIIe. Le curieux château féodal de Chassenay, qui rappelle encore par ses vastes fossés et ses énormes murailles l'ancienne porte de Belfroy de Troyes, a eu pour historien M. L. Coutant. (A. A., 1852, p. 91.) C'est le seul monument du département qui reste de cette époque. — Consulter encore sur son château et sur son histoire l'*Almanach de Bar-sur-Seine*, 1853, p. 86-89. — On voit, conservées dans le château, des armes et des armures trouvées dans les fossés. Au château est attachée une ancienne légende de Mélusine. — Dans un ravin de la forêt connue sous le nom de Hautes et Basses-Ferrailles, non loin du manoir de Chassenay, Fontaine de Volanflot, consacrée par des souvenirs païens et par la tradition qui lui attribue des eaux merveilleuses et bienfaisantes. Travaux d'art exécutés au XVIIe siècle à la source de cette fontaine mystérieuse aujourd'hui presque inconnue. (Voir Coutant, *Almanach de Bar-sur-Seine*, 1861, p. 97.)

CUNFIN. *Ép. romaine.* Près de Cunfin et sur son territoire, voie romaine de Châtillon à Bar-sur-Aube, qu'on appelle encore Voie-de-Bar. — Cimetière gallo-romain. En tout temps on y a découvert quantité d'ossements humains et de tombeaux couverts, tous creusés en auge, taillés et polis intérieurement. Dans plusieurs tombeaux on a trouvé des anneaux, des médailles et d'autres objets de divers métaux, dans quelques-uns des épées. — Nombreuses substructions sur le versant d'un coteau, dans une petite contrée dite la Confrérie. || *Moyen âge.* Manoir féodal existant encore aujourd'hui, mais qui n'a de remarquable que son ancienneté. Le pavillon qui en fait partie avait autrefois cinq mètres de plus en élévation qu'à présent. — Consulter une *Notice historique sur le bourg de Cunfin*, par M. l'abbé Tynturié.

EGUILLY. *Ép. romaine.* Cimetière signalé, il y a sept ou huit ans, lors de la construction de la route de Bar-sr-Seine à Bar-sr-Aube. — Substructions gallo-romaines trouvées en 1857 ; l'aire de cette ancienne habitation se composait d'une couche de *stratumen* et d'une de *rudus*. — Près d'Eguilly, le percement d'une voie de communication a mis à découvert un champ de sépulture à ustion, des vases, des urnes en terre et en verre, des lacrymatoires, etc. (*Almanach de Bar-sur-Seine*, 1858, p. 90.) Plusieurs vases en terre gallo-romains sont conservés au Musée de Troyes.

ESSOYES. *Ép. celtique.* Hache en pierre de jade conservée au Musée de Troyes. || *Moyen âge.* Consulter sur l'église d'Essoyes et sur les nombreuses découvertes qui ont été faites durant les travaux de déblaiement, tels que pièces d'argent et de billon, médailles de cuivre, lances, flèches, un vase de bronze, tronçons d'armes, ossements humains recouverts d'une épaisse couche de blé carbonisé et de cendres, entassés sur les voûtes des bas-côtés de l'église, un petit article de M. Coutant inséré dans l'*Almanach de Bar-sur-Seine*, 1858, p. 91-92. — Village de Servigny, *Serviniacum*, important au XIIe siècle. — Voir *Histoire de Bar-sur-Seine*, par M. L. Coutant, tom. 1er, p. 79.

FONTETTE. *Moyen âge.* Sur le finage de cette commune, ruines de l'ancienne métairie de Beauvoir, dépendant de la commanderie d'Epailly. — Voir sur Fontette *Notice historique sur le bourg de Cunfin*, p. 115-118.

LANDREVILLE. *Ép. celtique* et *romaine.* Haches en silex et en bronze et médailles celtiques, trouvées sur son territoire. — Sur ses antiquités celtes, gallo-romaines, consulter l'*Almanach de Bar-sur-Seine*, 1853, p. 84-85. || *Ép. romaine.* Plusieurs médailles d'or et d'argent trouvées près de Landreville, et acquises par M. Olivier, qui possède de nombreux objets celtiques et gallo-romains, trouvés à Landreville et dans les environs. (*Almanach de Bar-sur-Seine*, 1856, p. 52.)

LOCHES. *Moyen âge.* Château féodal dont la base était baignée par les eaux de l'Ource; aujourd'hui détruit.

SAINT-USAGE. *Ép. romaine.* Voie romaine conduisant de la Ferté-sur-Aube à Vitry-le-Croisé et traversant le territoire de ce village ; elle est pavée en hérisson ; on l'appelle le Chemin-des-Fées, suivant l'abbé Tynturié dans sa *Notice historique sur le bourg de Cunfin*, p. 118-120.

THIEFFRAIN. *Moyen âge.* Hermitage ou chapelle Saint-Hilaire aujourd'hui comprise dans la tuilerie de Saint-Hilaire.

VERPILLIÈRES. *Moyen âge.* Eglise paroissiale de Notre-Dame, XIIe siècle en partie, avec un porche ou *atrium*. Belle flèche très-élancée, œuvre des moines de Molême. — Ancienne chapelle seigneuriale où l'on remarque un joli bas-relief du XVIe siècle, représentant un saint Hubert en chasse, avec un Calvaire ; il a plus d'un mètre de largeur, et est divisé en deux compartiments dont chacun renferme un certain nombre de statuettes habilement groupées. || *Ép. moderne.* Château du milieu du XVIe siècle, avec pont-levis et fossés alentour. Des quatre tours qui le flanquaient, il n'en existe plus que deux dont l'une était la prison du seigneur. — Voir *Notice historique sur le bourg de Cunfin*, p. 113-115.

VITRY-LE-CROISÉ. *Ép. moderne.* Casque du XVIe siècle, fragments d'armes, et heurtoir en fer représentant un Père éternel trouvés en 1857. Le heurtoir est au Musée de Troyes. (*Almanach de Bar-sur-Seine*, 1858, p. 88.)

CANTON DE MUSSY-SUR-SEINE.

(Chef-lieu : MUSSY-SUR-SEINE.)

CELLES. *Époque romaine.* Sur l'emplacement de l'abbaye de Mores, M. Coutant, dans A. A., 1856, p. 5 et 6, signale, d'après Rouget, une grande quantité de tombeaux de pierre, renfermant des squelettes, des fers de javelots, des ardillons, des fibules, des poteries, des médailles dites *saucées*, remontant au IIIe siècle, des conduits en terre cuite, des substructions romaines, etc. — Du cimetière antique, sur la rive droite de l'Ource, près du finage de Landreville, on a extrait, en 1855, plusieurs tombeaux renfermant des coutelas, des lances, des médailles, un petit vase en terre cuite et une chaînette destinée à soutenir une arme. Ces objets sont entre les mains de M. le docteur Cartereau, de Bar-sur-Seine. (*Almanach de Bar-sur-Seine*, 1856, p. 50-51.) *Moyen âge.* Abbaye de Mores dont on voit encore les ruines. Chapiteaux romans. Restes d'ogives de l'ancien cloître. Belle tombe de prieur du XIVe ou du XVe siècle. (Voir *Almanach de Bar-sur-Seine*, 1853, p. 83, et A. A., 1856, p. 3.)

GYÉ-SUR-SEINE. *Moyen âge.* Ville fermée ; l'eau de la Seine entoure la vieille ville. — Château possédé par la reine Blanche, aujourd'hui détruit ; remanié ou reconstruit plus tard, il en reste un gros pavillon du xive siècle. — Église paroissiale de Saint-Germain. Détails d'architecture du xiie siècle figurés dans V. A., p. 226. — Pont sur la Seine dont une partie date du Moyen âge.

MUSSY-SUR-SEINE. *Moyen âge.* Fortifications de la ville fort importantes, dont une partie existe encore aujourd'hui. — Croix de cimetière déposée dans l'église de Mussy, du xve siècle, peut-être même du xive. — A l'intérieur de l'église paroissiale de Mussy, près de la porte méridionale dite de Notre-Dame, curieux bas-relief de la Descente de Croix, fixé dans le mur. Dessin dans V. A., p. 226. — Sceau original en cuivre du Chapitre de Mussy, xiiie siècle, conservé dans la collection de M. l'abbé Coffinet. ǁ *Ép. moderne.* Ancien château des évêques de Langres, remanié. A l'est et près de Mussy, il reste encore un bâtiment dit la Glacière de l'évêque. — Maisons en pierre et en bois des xve et xvie siècles, fort intéressantes. — Fossés dans lesquels coule la Seine. — Belle croix de pierre du xvie siècle sur l'un des ponts de la ville. — Dans les *Arts au Moyen âge,* par Dusommerard, une planche représentant trois tombes, dont l'une porte pour légende : xiiie siècle. Tombeau en pierre de Gilles Vignier et de sa femme, Eglise de Mussy-sur-Seine. — Coffret ferré se trouvant dans l'église. — Serrurerie des portes de l'église. (P. A., chap. Serrurerie, une page de texte.)

NEUVILLE-SUR-SEINE. *Ép. celtique.* Anneaux et divers antiques, trouvés dans la contrée dite de Chalot, à l'ouest de Neuville, et conservés au Musée de Troyes. ǁ *Ép. romaine.* Coquilles d'huitres parmi des débris de construction. Fibule gallo-romaine, d'une forme singulière, un bracelet de bronze et deux médailles, l'une de Victorin, l'autre de Magnens, trouvés en 1857, appartenant à M. L. Coutant. (*Almanach de Bar-sur-Seine,* 1858, p. 88.) — Sur l'emplacement des bains et près de la piscine gallo-romaine en mosaïque, on a trouvé des monnaies de César-Auguste, de Claudius, de Posthumus, de Tetricus, de Gallienus et des Antonins. — Deux haches romaines en fer (ayant la forme de cognées actuelles), et un tuyau en plomb, provenant des bains antiques de Neuville, trouvé à côté de la piscine en mosaïque, conservés au Musée de Troyes. L'emplacement est encore marqué par des substructions importantes. — Voir sur les nombreuses découvertes archéologiques faites à Neuville par M. L. Coutant son *Rapport* de 1851, imprimé à Paris en 1852, et l'*Almanach de Bar-sur-Seine,* 1853, p. 108-115. ǁ *Moyen âge.* Ville fermée ; l'eau de la Seine coule encore dans les fossés. — Détails d'architecture de l'église paroissiale de la Nativité, xiie siècle, figurés dans V. A., p. 226. ǁ *Ép. moderne.* A la limite des territoires de Neuville et de Buxeuil, sur la route impériale de Dijon à Troyes, borne de limite, carrée, en pierre, portant les noms suivants gravés en creux : *Champagne, Bourgogne,* qui courent sur les quatre faces.

PLAINES. *Moyen âge.* A l'église paroissiale de Sainte-Croix, détails d'architecture du xve siècle, figurés dans V. A., p. 226.

POLISOT. *Ép. moderne.* Pont sur la Seine, xvie siècle.

POLISY. *Moyen âge.* Détails d'architecture du xiie siècle à l'église paroissiale de Saint-Félix, figurés dans V. A., p. 226. ǁ *Ép. moderne.* Pont sur la Seine, xvie siècle.

CANTON DES RICEYS.

(Chef-lieu : LES RICEYS.)

ARRELLES. *Époque celtique.* Dans le bois de Fiel, tumulus exploré, *mais seulement en partie,* par MM. Coutant et Prié. — Article intéressant du docteur Prié sur le tumulus du bois de Fiel, et sur les fouilles dont il a été l'objet. (*Almanach de Bar-sur-Seine,* 1858, p. 111-114.)

AVIREY-LINGEY. *Ép. romaine.* Cimetière gallo-romain découvert au nord-est de la commune. || *Moyen âge.* Sur le territoire d'Avirey, emplacement du prieuré de Sèche-Fontaine, fondé au XIe siècle par Lambert d'Avirey, ami de saint Bruno.

BAGNEUX. *Moyen âge.* Ruines de l'ancien fort Saint-Eloi, détruit par Jean-Sans-Peur, duc de Bourgogne, pendant la guerre qu'il soutint contre le comte de Tonnerre; l'emplacement en est encore très-bien indiqué; signalé dans la carte topographique du canton des Riceys, annexée à la Statistique de MM. A. Guenin et A. Ray. Une galerie souterraine, dont l'existence est constatée par M. L. Coutant, permettait à la garnison d'opérer des sorties.

BALNOT-SUR-LAIGNE. *Ép. romaine.* A l'entrée du village, quelques restes de substructions romaines; plusieurs médailles et une vaste couche de ciment romain découvertes en faisant les fondations d'une maison. (Voir l'*Almanach de Bar-sur-Seine*, 1856, p. 50.) || *Moyen âge.* Château féodal, aujourd'hui détruit. — Chapelle de saint Firmin, élevée sur la fontaine dédiée à ce bienheureux.

BEAUVOIR. *Ép. moderne.* Inscription du XVIe siècle, placée au-dessus de la porte d'une maison en pierre : *Ostium non hostium.*

BRAGELOGNE. *Ép. romaine.* Bracelet antique en bronze, trouvé sur un squelette. Le fac-simile est au Musée de Troyes. || *Moyen âge.* Ancien château dont les fossés, quoique remplis en partie, sont encore très-profonds. Près des ruines de ce château, grande quantité d'armes trouvées en 1800. Plus tard, ossements humains mêlés aux ossements d'un cheval; étriers, mors, contre-bride en fer, ornements de harnais en cuivre doré, sabre, éperons, bague d'argent et dé cabalistique en pierre; la bague porte le mot *ave* en lettres gothiques et une croix pattée; la ciselure des lettres et de la croix est remplie par un émail noir bien conservé. (Voir sur cette découverte un dessin et une Notice de M. Coutant, *Almanach de Bar-sur-Seine*, 1861, p. 90-102.)

CHANNES. *Moyen âge.* Emplacement d'un grand château féodal, entouré de fossés profonds, et aujourd'hui traversé par la route de Tonnerre à La Rothière.

RICEYS (LES). *Ép. celtique.* Fibule, trouvée sur le territoire de Ricey-Bas, et conservée au Musée de Troyes. || *Ép. romaine.* Emplacement d'un ancien village gallo-romain, sur une hauteur, près des Riceys. Substructions, médailles, fibules, etc., découvertes en 1855, par MM. Royer, des Riceys. (*Almanach de Bar-sur-Seine*, 1856, p. 51.) — Près de la nouvelle rectification de la route départementale des Riceys, a été trouvé, en 1857, un tombeau d'où l'on a extrait des bracelets, un collier et une fibule de bronze, le tout de forme gracieuse et d'une parfaite conservation. M. Olivier, de Landreville, les a recueillis. (*Almanach de Bar-sur-Seine*, 1858, p. 87.) — Deux meules de moulin romain, en granit, conservées au Musée de Troyes. || *Moyen âge.* Dans la contrée dite Sous-le-Temple, on a découvert, sur l'emplacement attribué au prieuré des Templiers, des cercueils en pierre et des armes anciennes. || *Ép. moderne.* Dans l'angle rentrant à droite de la chapelle de la Sainte-Vierge à l'église de Ricey-Haut, piscine monumentale du XVIe siècle. Elle est probablement plus ancienne, puisqu'elle fait partie du chœur de la première église, reproduite dans V. A., p. 216. — On remarque aussi le rétable du maitre-autel. — Des huit chapelles isolées, construites en pierre existant à Ricey-Haut, il ne reste plus aujourd'hui que celles de Saint-Sébastien, de Saint-Clair et de Saint-Claude. Cette dernière est maintenant une habitation particulière. — Vitrail d'une maison, à Ricey-Haut, figurant les diverses opérations du vigneron, conservé au cabinet de M. Jules Ray, à Troyes, et publié dans V. A., p. 215. — Eglise de Saint-Jean-Baptiste à Ricey-Haute-Rive, dessin par Fichot, notice par Aufauvre. (A. P., p. 101 et suiv.) — La chaire de l'église est un morceau de sculpture en bois assez remarquable. — A Ricey-Haute-Rive, il n'existe plus que la chapelle de Saint-Jacques, située sur un coteau qui touche le bourg, et près de laquelle se trouve le cimetière des pestiférés de 1731. — L'église paroissiale de Saint-Pierre-ès-Liens, à Ricey-Bas, quoique du xvie siècle, possède des chapiteaux de colonnes du xve, dont l'un est dessiné dans V. A., p. 226. — Deux triptiques sculptés sur bois, xve siècle, mais très-mutilés. — Vitraux du xvie siècle. — Quelques jolis rétables de la même époque. — Un tableau estimé de saint Paul, premier ermite. — Tableau à l'huile, représentant la Peste de Ricey-Bas, en 1637, par M. E. Maison, des Riceys, peintre d'histoire, lauréat de Rome en 1842. — Flèche en aiguille et portail complet, bon style Renaissance. — Prieuré de Notre-Dame-du-Faux, fondé au xiie siècle, de l'ordre de saint-Benoît, reconstruit sur le même emplacement et dont les constructions servent de bâtiments agricoles. La chapelle Saint-Antoine (1645) est dans la même enceinte que le prieuré. — Outre la chapelle isolée de Saint-Antoine, il en existe encore deux modernes : Sainte-Sabine et Saint-Roch. — Litre ou ceinture funéraire extérieure entourant encore la plus grande partie de l'église et portant les armoiries peintes de la famille de Pommereu. — Inscriptions et devises sur plusieurs maisons en pierre du xvie et du xviie siècle, portant souvent des détails d'ornementation; ces inscriptions caractérisent l'esprit du temps et celui du pays (1). — Collection de M. Lucien Coutant : numismatique romaine, gauloise et française; grand nombre de monnaies avec l'indication du lieu ; poteries et vases de verre antiques; objets antiques en bronze, en fer et en pierre; nombreuses matrices de sceaux en cuivre ; grande quantité de sceaux en cire provenant d'actes authentiques; sculptures en pierre et fresques antiques du Moyen âge et de l'époque moderne, provenant de l'arrondissement de Bar-sur-Seine et de ses environs. — Consulter sur les Riceys A. A., 1833, p. 125-132, Statistique du canton des Riceys, par MM. Guenin et Ray, et les ouvrages de M. Coutant.

---

(1) M. Arnaud a publié plusieurs de ces inscriptions, mais quelques-unes sont incomplètes. Nous donnons dans cette note celles que nous connaissons :

1.

ΕΞ ΗΔΟΝΗΣ ΔΥΣΤΥΧΙΑ
EX VOLVPTATE INFOELICITAS.
DE VOLVPTÉ MALHEVRTÉ. — 1561.

2.

DE SOVDAIN VOLHOIR
LONGVE REPENTANCE. — 1576.

3.

QVAND DAVTRVY TV PARLER VOVDRAS
REGARDE TOI TV TE TAIRAS. — 1577.

4.

LA MORT ME SVIT. — 1586. (Au-dessus est un agneau poursuivi par un loup.)

5.

NISI DOMINVS : EDIFICAVERIT : DOMUM : IN
VANVM : LABORAVERVNT : QVI : EDIFICANT : EAM. — 1583.

6.

QVIDQVID : AGAS : SAPIENTER : AGAS : ET RESPICE : FINEM : — 1583

7.

SAPIENS : DOMINABITVR ASTRIS. — 1583.

8.

PENCE EN TOI. — 1590.

9.

QVI ENDVRE NEST VAINCV. — 1609. (Sur la maison des Créquy.)

ARRONDISSEMENT DE NOGENT-SUR-SEINE.

CANTON DE MARCILLY-LE-HAYER.

(Chef-lieu : MARCILLY-LE-HAYER.)

AVANT-LÈS-MARCILLY. *Époque celtique.* Dans la contrée dite la Remise-Du-grès, pierre brute appelée par les habitants Pierre-à-repasser, grès à gluten calcaire de 2^m 30 de longueur sur 1^m 30 de largeur : monument funéraire posé horizontalement sur terre et entouré d'autres grès d'un plus petit volume. Sur cette pierre on voit quatre rainures profondes qui paraissent avoir pour cause le frottement. Notice de M. Camut-Chardon, avec dessin, S. A., tom. 6, 1832, p. 7. — Consulter la même Notice pour tous les dolmens de cette commune. ¶ *Moyen âge.* Au hameau du Tremblay, chapelle de Sainte-Anne, fondée au xve siècle. (A. A., 1853, p. 27.)

BOURDENAY. *Ép. romaine.* Limites des anciens territoires de Lanerey et de Bourdenay aujourd'hui réunis, déterminées par des pierres levées, fichées proche l'une de l'autre sur une longueur d'environ deux à trois cents mètres. ¶ *Ép. moderne.* Pièces d'argent à l'effigie des rois de la branche des Valois, trouvées en 1850 dans un pot de terre à 50^c au-dessous du sol. Elles portent cette inscription : *Sum quod sum gratia Dei.* Vendues à M. Vautrin, orfèvre à Troyes. (A. A., 1853, p. 64.)

CHARMOY. *Moyen âge.* Château féodal dont quelques restes d'architecture font remonter la fondation au xiiie ou au xive siècle. — Ruines d'un ancien couvent, dit des Ladres, entre le Chemin-de-Troyes-à-Trainel et le village. (A. A., 1853, p. 65.)

DIERREY-SAINT-JULIEN. *Moyen âge.* Dans l'église, plusieurs tombeaux qu'on dit être des tombeaux de Templiers, dont une maison existait, d'après les traditions, entre Dierrey et Mesnil-Saint-Loup. (A. A., 1853, p. 71 et 72.)

10.
MIEVX VAVT VN PEV AVEC JVSTICE
QVE CROISSEMENT SANS ÉQVITÉ. — 1610.

11.
DIEV NOVS GARDE LA PAIS. — 1613.

12.
P. ESPERT. — 1021.

13.
EN DIEV LE COEVR. — 1623.

14.
.QVI RIS ET MORDS
QVI MEDITE ET RAPPORTE
NANTRE SEANT L...
JE LVI DEFENS LA PORTE. — 1649.

15.
[EN] TOY TE FIE. — 1649.

16.
PATIENCE
PASSE
SCIENCE. — 1750.

MARCILLY-LE-HAYER. *Ép. romaine.* Traces de forges signalées sur le territoire de cette commune par M. Boutiot. (S. A., 1861, tom. 25, p. 80.) || *Moyen âge.* Entre Haute-Roue et Basson, couvent de Dominicains, dans l'emplacement présumé duquel on a trouvé à plusieurs reprises des vitraux coloriés, paraissant avoir appartenu à une église. (A. A., 1853, p. 42.) || *Ép. moderne.* Enseigne de pèlerinage en plomb, XVI° siècle, trouvée sur le territoire de Marcilly, appartenant à M. Boutiot.

MARIGNY-LE-CHATEL. *Moyen âge.* Fossés et fortifications de la ville. Dans les fossés coule l'eau de l'Ardusson. — Restes de beaux vitraux dans le sanctuaire de l'église paroissiale de Saint-Pierre-ès-Liens. (A. A., 1853, p. 90-92.)

MESNIL-SAINT-LOUP. *Moyen âge.* Portail assez remarquable du XII° siècle, ayant appartenu à une église de Templiers; une maison de cet ordre existait aux XII°, XIII° et XIV° siècles sur le territoire de Mesnil-Saint-Loup, dans une contrée appelée le Cloître, et tenant à la chapelle où l'on trouve encore des restes de fondations assez importantes. (A. A., 1853, p. 95, et, Pièces du procès des Templiers publiées par Michelet.)

PALIS. *Moyen âge.* Prieuré de Clairlieu, de l'ordre des Bernardins, XII° siècle. L'aile de bâtiment qui en reste a des murs d'un mètre d'épaisseur. La chapelle, dédiée à la Vierge, a changé de destination. Dans le sanctuaire sont encore deux restes de colonnes mutilées. Deux statues, de la Vierge et de sainte Agathe, qui ornaient la chapelle, sont placées aujourd'hui, l'une au-dessus de la porte principale, l'autre dans l'église de Planty. — Hameau de Tricherey, ou Trecherey, situé à environ deux kilomètres de Pâlis, dans la direction de Mesnil-Saint-Loup, dépendant de la seigneurie de Pâlis en 1509, peuplé, dit-on, de Calvinistes, et qui disparut après les guerres de religion. — Voir *Statistique du canton de Marcilly,* par M. Monchaussé, A. A., 1853.

PLANTY. *Moyen âge.* A l'église paroissiale de Saint-Félix-de-Nole, tour du XII° siècle, de forme quadrangulaire, couverte d'ardoises, où l'on monte par un escalier de pierre. (A. A., 1853, p. 112.)

POUY. *Ép. romaine.* On rencontre sur le territoire de cette commune de nom-

---

17.

RECOVRS EN DIEV.

18.

NI LES BIENS NI LHONNEVR VAIN
DICI BAS JE NE DESIRE
RESOLVMENT ET JE NASPIRE
QVAV PARADIS CEST MON GAIN.

19.

ESPERE EN MIEVX.

20.

DEVS SPES NOSTRA.
DIEV EST NOTRE ESPERANCE.

21.

ESPOIR EN DIEV.

22.

DV TRAVAIL LE REPOS.

23.

ASSEZ VAT QVI FORTVNE PASSE.

breuses traces de forges remontant à la plus haute antiquité. (S. A., 1861, tom. 1, p. 80.)

RIGNY-LA-NONNEUSE. *Moyen âge.* Plusieurs couvents de femmes dont on trouve encore aujourd'hui des fondations : de là le nom de *Nonneuse, Nonnes.*— Entre la Pèze et Rigny, hôpital ou Maladrerie dont on voyait naguère les restes : la contrée porte encore le nom de Maladrerie. (A. A., 1853, p. 133.) — Près du village, au nord, emplacement du prieuré de Sainte-Colombe dont les bâtiments, ainsi que la chapelle, ont disparu. A la place de la chapelle, est maintenant une croix.

SAINT-FLAVIT. *Moyen âge.* A la naissance de la voussure du dernier pilier du chœur de l'église, à gauche, figure grotesque sculptée dans la pierre de voûte, représentant un homme coiffé d'un armet, tenant d'une main un broc et de l'autre une espèce de thyrse, ouvrant un large rictus armé de deux dents énormes. Les habitants la nomment Jean du Cognot. (A. A., 1853, p. 136.)

SOMME-FONTAINE-SAINT-LUPIEN. *Ép. romaine.* Près de la voie romaine, cercueils de pierre trouvés il y a 25 ans environ. On a découvert à côté des squelettes, des vases en terre et des armes. || *Moyen âge.* Château important à l'entrée sud du pays ; il ne reste aujourd'hui que les bâtiments d'exploitation encore considérables et qui portent toujours le nom de château. — Eglise paroissiale de Saint-Lupien surmontée d'une tour carrée au-dessus du chœur, autrefois couverte en bois, aujourd'hui en ardoises.—Châsse en bois peint du XVe siècle, ayant renfermé les reliques de saint Lupien depuis 1469. || *Ép. moderne.* Calvaire mutilé du XVIe siècle ; bas-reliefs en pierre dont les personnages et les ornements étaient dorés. — Peinture murale représentant la Passion de Jésus-Christ recouverte d'un badigeon.

TRANCAULT-LE-REPOS. *Ép. celtique.* Sous les dolmens dits les Pierres-Ecouveclées, on a trouvé des os et une poignée de sabre ou d'épée.— Près de la ferme de Montafilant, menhir dit la Pierre-au-Sabre. Voir, dans le *Bulletin de la Société archéologique de Sens,* 1846, p. 13-16, avec planche, une *Notice sur deux dolmens,* par M. Chanoine. — Médaille en argent, trouvée en 1832, portant sur le champ un buste de la Victoire avec des ailes et le mot ATEVLA ; au revers un cheval cabré qui semble vouloir franchir une étoile placée sous son ventre ; il est surmonté d'un arc scythe. Pour inscription on lit le mot VLATOS, et l'exergue porte un croissant. Signalée par M. Camut-Chardon. (S. A., 1833, tom. 6, p. 14-16.) — Une médaille semblable a été trouvée à Saint-Parres-les-Vaudes. (Voir ce nom.) || *Moyen âge.* Château d'une apparence formidable, détruit pendant les guerres de religion au XVIe siècle. Sur les ruines de ce château a été construit le château de Sailly, dont il ne reste plus que la basse-cour. (A. A., 1853, p. 150-152.) || *Ép. moderne.* Ancien château du XVIe siècle dont il reste des fossés et des constructions importantes.

VILLADIN. *Ép. celtique.* Tumulus recouvert d'une pierre soutenue par deux autres de moindre grandeur, renfermant un cadavre réduit en poussière. A la place des bras et des jambes huit anneaux de cuivre. Trouvé en 1851. (A. A., 1853, p. 158.) || *Ép. romaine.* Poteries antiques trouvées dans une tombe et conservées au Musée de Troyes. || *Ép. incertaine.* L'emplacement de deux hameaux, Verrois et Aubeterre, maintenant disparus, est signalé par de nombreux débris.

CANTON DE NOGENT-SUR-SEINE.

(Chef-lieu : NOGENT-SUR-SEINE.)

COURCEROY. *Ép. romaine.* Deux lampes romaines en terre, conservées au Musée de Troyes.

GUMERY. *Moyen âge.* Antérieurement au XIVe siècle, existaient trois châteaux entourés d'eau, avec ponts-levis : le château de la Planche, le château de Glapier et le château d'Huyon de la Cour. Démolis en 1397 et reconstruits dans la partie élevée du pays. || *Ép. moderne.* Plusieurs souterrains dans les environs, XVIe siècle;l'un d'eux, servant de cave, est décoré de niches régulières. (A. A., 1836, p. 59-60.)

MARNAY. *Moyen âge.* Ville fermée. Fossés. Emplacement des portes. Corps de garde du xvie ou xviie siècle.

MÈRIOT (LE). *Moyen âge.* Au bas de la côte, en descendant vers la route de Paris à Bâle, ruines d'un ancien château, appelé Jaillac ; les fossés existent encore. (A. A., 1836, p. 74.)

NOGENT-SUR-SEINE. *Moyen âge.* Ville de guerre fermée de hautes murailles, avec portes.—Ancien château des comtes de Champagne, xiie siècle.—Au faubourg Béchereau, chapelle appelée le Bon-Dieu-de-Pitié, xive siècle ; cette chapelle a été remplacée par une nouvelle, il y a 40 ans environ. Elle avait été élevée en souvenir de la bataille de Nogent où commandait Henri de Poitiers, évêque de Troyes. Dans les environs, ossements et restes de tombeaux. — Chapelle appelée la Belle-Dame, xve siècle, au faubourg des Ponts, détruite. ǁ *Ép. moderne.* L'Auditoire, vaste bâtiment du xvie siècle, avec ogives et fenêtres grillées, près du Palais, devenu aujourd'hui propriété particulière. (Voir A. A., 1836, p. 1-122, Notes historiques et statistiques sur Nogent et sur son canton.) — Eglise Saint-Laurent. Belle tombe en marbre noir du xvie siècle. (P. A., p. 17.) — Eglise Saint-Laurent de Nogent-sur-Seine, publiée par les auteurs des Voyages pittoresques et romantiques dans l'ancienne France, Champagne. — Une autre vue de l'église publiée dans le même ouvrage. — Détails de l'église Saint-Laurent à Nogent-sur-Seine, publiés dans le même ouvrage. — Voir sur le vitrail du vaisseau de l'église, à Saint-Laurent de Nogent-sur-Seine, la Notice de M. Aufauvre dans S. A., 1855, tom. 19, p. 23-32.

PONT-SUR-SEINE. *Ép. celtique.* Sous les dolmens signalés par Grosley, on a trouvé, vers l'année 1810, des ossements humains avec des épées et des casques. (S. A., tom. 6, 1832, p. 11.) ǁ *Ép. moderne.* Intérieur de l'église, publié avec texte par les auteurs des Voyages pittoresques et romantiques dans l'ancienne France, Champagne, et par Fichot. — Portail septentrional de l'église de Pont-sur-Seine, publié dans le même ouvrage. — Souterrain creusé au midi du château sous un côteau crayeux pour recueillir les eaux d'infiltration. Ce travail, sorte d'immense drainage a été fait pour amener des eaux au château construit, en 1630, par le surintendant des finances de Bouthillier.— Consulter sur la petite ville de Pont-sur-Seine, A. A., 1836, p. 86-98.

SAINT-AUBIN. *Ép. celtique.* Le Cromelech, connu sous le nom de Pierres-des-Autels, aujourd'hui détruit en partie, est décrit dans S. A., 1832, tom. 6, p. 12. ǁ *Ép. romaine.* Vase mérovingien et fragments de poteries antiques, trouvés près de la Chapelle-Godefroy, conservés au Musée de Troyes. — Cercueils en plâtre découverts dans le cimetière antique de la Gloriette. — Les objets antiques, poteries, verreries et verroteries, trouvés dans l'emplacement du cimetière antique décrit par M. Deschiens, (S. A., tom. 17, p. 209-212), au lieu dit la *Remise-Blanche*, sont conservés au Musée de Troyes. ǁ *Moyen âge.* Dans le chœur de l'église paroissiale, pierre tombale du xve siècle. — La Chapelle-Godefroy, ancien village, paroisse aujourd'hui détruite. Propriété encore nommée le presbytère. — Deux petits anges en bois de chêne, xiiie siècle, provenant du Paraclet, faisant partie de la collection de M. Valtat, sculpteur à Troyes. — Une vue du Paraclet et une planche intitulée : Monument où reposent Héloïse et Abeilard, sont publiées dans *Voyage dans les départements de la France*, par Vallée et Brion, Paris, 1793. — Sur Saint-Aubin, la Chapelle-Godefroy et le Paraclet, consulter A. A., 1836, p. 101-108. — La Chapelle-Godefroy, le Paraclet, dessins de Fichot, notice par Aufauvre. (A., P., p. 116.) ǁ *Ép. moderne.* Château considérable du xviiie siècle, avec jardins magnifiques, le tout édifié par la famille de Boulogne. Démoli vers 1840, il en reste encore une partie importante. La température de l'orangerie est entretenue à une élévation convenable par deux caveaux voûtés en plein-cintre et superposés. Leur longueur est d'environ 50 mètres, et leur largeur de 4 mètres.

SAINT-NICOLAS. *Ép. celtique.* Deux pierres tumulaires présentant les caractères des pierres plates qui forment la table des dolmens. Il y a un vide dessous. — Consulter le tableau dressé par M. le docteur Chertier dans C. A., 1854, p. 50. || *Ép. romaine.* Stylum en cuivre ciselé, long de 16 centimètres trouvé sur la Côte-Saint-Parres, dans les environs de laquelle on rencontre de nombreux vestiges d'antiquités, conservé au Musée de Troyes. (S. A., tom. 17. p. 212.) || *Moyen âge.* L'église, en partie du XIIe siècle, appartint exclusivement à un couvent de Bénédictins jusqu'en 1187, époque à laquelle on y a transféré la paroisse. (A. A., 1836, p. 109.)

SOLIGNY-LES-ÉTANGS. *Ép. celtique.* Dans la contrée dite Rabille-Naquette, plusieurs pierres funéraires brutes de différentes grosseurs et parmi lesquelles on distingue celle nommée Pierre à Verpillon : sa longueur est de 9^m, sa largeur au nord de 3^m 60, au midi de 1^m 62, et sa hauteur de 1^m 60 à 2^m. Dessin et notice par M. Camut-Chardon. (S. A., 1832, tom. 6, p. 6.) — On remarque dans la même contrée plusieurs pierres couvertes renversées ou dont les supports sont brisés. — Consulter la même notice avec dessin, p. 10. || *Moyen âge.* Petit château dont on voit encore quelques murs tapissés de lierre, maintenant refuge de pigeons fuyards — Perteleine, aujourd'hui ferme, autrefois fief. || *Ép. moderne.* Tout à côté existait, au XVIe siècle, un grand bâtiment où se faisait le prêche des Calvinistes. (A. A., 1836, p. 112-113.)

TRAINEL. *Ép. romaine.* Au nord de Trainel, croix vulgairement appelée Croix-du-Martra (Croix du Martyre ou du Meurtre), sur l'emplacement d'un cimetière antique de ce nom. — Consulter sur Trainel A. A., 1836, p. 118-122. || *Moyen âge.* Église Saint-Gervais et Saint-Protais, autrefois fortifiée. Fossés encore visibles. — Monnaies baronnales, la plupart frappées à Sens, trouvées sous les remparts en 1850. — Trainel possède quelques ponts qui paraissent anciens.

CANTON DE ROMILLY-SUR-SEINE.

(Chef-lieu : ROMILLY-SUR-SEINE.)

FOSSE-CORDUAN (LA). *Ép. celtique.* Consulter sur le dolmen, dit la Pierre-aux-Alouettes, la Notice de M. Camut-Chardon, S. A., 1832, tom. 6, p. 10.

ROMILLY-SUR-SEINE. *Époque romaine.* Poteries antiques trouvées parmi des ossements, et conservées au Musée de Troyes. || *Moyen âge.* Ancien château fort, dont les fossés encore visibles sont remplis des eaux de la Seine. Dessin par Fichot et Notice par Aufauvre. (A. P., p. 117-118.) || *Ép. moderne.* A l'abbaye de Scellières, fondée en 1167, supprimée en 1790, première sépulture de Voltaire dont le souvenir est conservé par une inscription sur le lieu même.

SAINT-MARTIN-DE-BOSSENAY. *Moyen âge.* Au hameau de Saint-Pierre, emplacement de l'ancien prieuré de Saint-Vinebaud, dont le souvenir s'est perpétué par une chapelle près d'une fontaine qui passe pour guérir de la fièvre.

CANTON DE VILLENAUXE.

(Chef-lieu : VILLENAUXE.)

BARBUISE. *Époque celtique.* Dans la contrée du Chanoy, quatre haches celtiques en cuivre, trouvées en 1844 en fouillant sous une grosse pierre plate presque à fleur de terre. Une de ces haches est au Musée. (S. A., 1849, tom. 15, p. 119.) — A Courtavant, dans la contrée des grèves de Bouligny, tombeau en pierres posées de champ et placées bout à bout. A côté de la tête du squelette qu'il renfermait, pot de terre et un autre sur les cuisses, tous deux en terre noirâtre, vernissés à l'extérieur et ornés de dessins et de moulures. A côté du corps, lame de cuivre à deux tranchants, longue de 620 millimètres, et large de 25; à côté de cette lame, rangés en cercle, huit fers de flèche aussi en cuivre ; couteau en potin, corrodé, et boutons de la poignée du sabre. Un des fers de flèche est au Musée de Troyes. (S. A., 1849, tom. 15, p. 120-121.)

MONTPOTHIER. *Ép. romaine.* Des scories de forges romaines, contenant encore beaucoup de fer, ont été trouvées, vers 1852, en grande quantité au lieu dit les Minières. (S. A., 1853, tom. 17, p. 213.) || *Moyen âge.* Trois cents pièces environ de monnaies françaises, de billon ou d'argent à bas titre, renfermées dans un pot de terre, trouvées en 1853, sur l'emplacement du prieuré de Saint-Claude; toutes du xive siècle. (S. A., 1854, tom. 18, p. 239-243.)

PÉRIGNY-LA-ROSE. *Ép. celtique.* M. Camut-Chardon signale dans les champs de cette commune plusieurs pierres tumulaires d'un volume plus ou moins grand ; sous celles qui ont été détruites on a constamment trouvé des ossements humains. (S. A., 1832, tom. 6, p. 6 et 7.)

SAULSOTTE (LA). *Ép. celtique.* Sur les dolmens de cette commune, consulter le tableau dressé par M. le docteur Chertier et inséré dans C. A., 1854, p. 30. || *Ép. romaine.* Poteries et verres antiques conservés au Musée de Troyes. — On a trouvé sur le territoire de cette commune, en 1772, une urne de grès, renfermant une cinquantaine de médailles de bronze, à l'effigie d'Auguste, de Domitien, de Nerva, de Trajan, d'Antonin, etc. (*Almanach de l'Aube,* 1856, p. 106.) — Au hameau de Resson, fours antiques, enfouis à plusieurs mètres, encore remplis de vases, et beaucoup de larges tuiles romaines. Quelques-uns de ces objets sont au Musée de Troyes. (S. A., 1853, tom. 17, p. 213. || *Moyen âge.* Le moulin principal de Resson est établi dans une maison ayant appartenu aux chevaliers de Malte. On y retrouve quelques petites colonnes gothiques qui ont été déplacées. (S. A., 1853, tom. 17, p. 214. — Plusieurs bornes, sur le territoire de Resson, portent gravée la croix des Templiers.

VILLENAUXE. *Ép. celtique.* Tombeau gaulois consistant en une grande pierre plate sous laquelle était un squelette humain fort bien conservé, et d'une taille gigantesque (plus de sept pieds). A côté de la tête, petit vase en cuivre de forme ronde ; vers le milieu du corps, quatre petites piques en cuivre à trois angles, avec une hache en silex noir : tous ces objets ont été trouvés en 1845. (S. A., 1849, tom. 15, p. 121.) — Beaucoup de tombes en pierre, recouvrant des restes humains, se rencontrent sur tout le territoire de Villenauxe et de Dival, désignées par les habitants sous le nom de Dormants. — Hache en bronze et flèche en bronze conservées au Musée de Troyes. || *Moyen âge.* Deux chandeliers en bronze, d'un beau travail, de 18 à 20 centimètres de hauteur, xive ou xve siècle, trouvés l'un à côté de l'autre, en 1853, dans la contrée des Cholères. A la partie supérieure d'un des deux on lit ces mots, gravés au burin, en lettres gothiques : JAQ : PERAUT. (S. A., 1855, tom. 19, p. 94-95.) — Châsse de Nesle-la-Réposte, en bois peint, ornée d'émaux en taille d'épargne, support en bois de chêne, figures en argent repoussé et doré, et revêtements de cuivre gravé, fin du xiie ou commencement du xiiie siècle. — Consulter l'excellente dissertation de M. Le Brun-Dalbanne, P. A., chap. Orfévrerie, p. 22 et suiv., un autre travail du même auteur dans S. A., 1859, tom. 23, p. 241-265, avec planche, et V. A., p. 75-79. Cette châsse est aujourd'hui conservée au trésor de l'église Saint-Pierre de Troyes. — Eglise paroissiale de Saint-Pierre et Saint-Paul, dessin par Fichot, notice par Aufauvre. (A. P., p. 110-120.) — Intérieur de l'église de Villenauxe, publié avec texte par les auteurs des Voyages pittoresques et romantiques dans l'ancienne France, Champagne. || *Ép. moderne.* Villenauxe, ville fortifiée, ne fut close de murs qu'en 1537. — Voir sur la petite ville de Villenauxe, A. A., 1833, p. 119-125, et V. A., p. 210-212.

ARRONDISSEMENT DE TROYES.

CANTON D'AIX-EN-OTHE.

(Chef-lieu : AIX-EN-OTHE.)

AIX-EN-OTHE. *Époque romaine.* Nombreuses traces d'exploitations métallurgiques pouvant remonter même jusqu'à l'époque celtique. — Consulter la Géographie ancienne du département de l'Aube, par M. Boutiot, S. A., 1861, tom. 25, p. 79. — Substructions gallo-romaines très-importantes, près de la fontaine de la Douée et entre cette fontaine et celle de l'Echonette. — Etablissement de bains contemporain de la villa de Paisy-Cosdon. — Cercueil en pierre ayant 1^m 80^c de longueur, sur 0,70 de largeur, contenant deux squelettes humains, d'un homme et d'une femme, avec deux poignards à lame tranchante d'un seul côté, d'un travail grossier, très-oxidés, longs de 0,40, et une bague rongée par la rouille, trouvé en 1861 rue Saint-Avit, à 50 mètres environ du cimetière huguenot, et déposée au Musée de Troyes. || *Ép. moderne.* Château des évêques de Troyes dont il reste des parties importantes. Donjon, avec entailles et tourillon pour herses et pont-levis, XVIe siècle. Ce château remplaçait un autre château plus ancien qui, au IXe siècle, tomba au pouvoir des Normands.

BÉRULLES. Façade de l'église de Bérulles, publiée avec une Notice par les auteurs des Voyages pittoresques et romantiques dans l'ancienne France, Champagne.

MARAYE-EN-OTHE. *Ép. romaine.* Traces nombreuses d'exploitations métallurgiques qui peuvent remonter même à l'époque celtique, signalées par M. Boutiot dans sa Géographie ancienne du département de l'Aube. (S. A., 1861, tom. 25, p. 79.)

NOGENT-EN-OTHE. *Ép. romaine.* On trouve sur le territoire de cette commune des traces nombreuses d'exploitations métallurgiques pouvant remonter, selon M. Boutiot, même aux temps celtiques. (S. A., 1861, tom. 25, p 80.) || *Ép. moderne.* Niche en menuiserie sculptée, peinte en arabesques coloriées de divers tons, servant à abriter une statue de la Vierge couronnée. (S. A., 1854, tom. 18, p. 351-354.)

PAISY-COSDON. *Ép. romaine.* Médaille, petit bronze de Valentinien 1er, recueillie dans les fouilles de la villa de Paisy-Cosdon. (S. A., 1857, tom. 21, p. 420.) — Des fibules et un *stylum* antique ont été trouvés sur le même emplacement avec nombreux fragments de marbres et de fresques sous les constructions. — Etablissement de bains. — Comme à Landunum et dans les fouilles de l'abattoir de Troyes, on remarquait, à Paisy-Cosdon, au milieu de débris culinaires de toutes sortes, un grand nombre de défenses de sangliers, de bois de cerfs, d'escargots des vignes, et, ce qu'il y a de plus remarquable, des coquilles d'huîtres provenant des côtes de l'Océan. A cette époque, on savait donc déjà transporter par estafette des mollusques marins à grandes distances. || *Moyen âge.* Des forges existaient sur le territoire de cette commune, suivant M. Boutiot. (S. A., 1861, tom. 25, p. 80.) — Le nom de Taillefer lui venait d'une forge existant en 1459. On y a vu des moulins à foulon, à farine, à écorce, à huile. — On y signale une motte dans la vallée de la Nosle. — Cosdon, aujourd'hui simple ferme, autrefois village ; les terriers font voir sur son emplacement plusieurs rues. — (*Statistique du canton d'Aix-en-Othe*, dans S. A., 1858, p. 400.)

RIGNY-LE-FERRON. *Ép. moderne.* Tombe en marbre noir d'Hector des Ardents, et une autre en pierre de Galas de Chaumont, XVIe siècle. (S. A., 1858, tom. 22, p. 446, avec pl. lith.)

SAINT-BENOIT-SUR-VANNES. *Ép. moderne.* Château du XVIe siècle ayant encore sa double enceinte de fossés. — A Courmononcle, aujourd'hui hameau, autrefois village important, existait une halle et un château avec fossés et pont-levis qu'on voyait en 1630. Substructions anciennes découvertes chaque jour. — Voir statistique du canton d'Aix-en-Othe, dans S. A., 1858, tom. 22, p. 413. — Hameau de Joux, dont il ne reste plus aujourd'hui qu'une ferme.

SAINT-MARDS-EN-OTHE. *Ep. romaine.* Sept dépôts de scories, de laitiers, de ferriers et de mâchefers, tous isolés les uns des autres, signalés par M. Boutiot. (S. A., 1861, tom. 25, p. 79.) Il en existe deux dans l'intérieur même du groupe des habitations de la commune de Saint-Mards. ‖ *Moyen âge.* Enceinte, fossés, ville fermée. — Château-Hatton ou Hutton ou Witton, dont il est fait mention en 1150, château puis hameau tous deux disparus. — Hermitage de Saint-Bouin, *Boemius*, au VIe siècle, près de la fontaine qui alimente la commune de Saint-Mards; ce n'était plus qu'un gagnage en 1516; vestiges encore apparents au temps de Courtalon. ‖ *Ép. moderne.* Quartier du retranchement où existait le Temple des Protestants, détruit à la suite de la Révocation de l'Édit de Nantes, et dont la place est indiquée par une croix de fer.

VILLEMOIRON. *Ep. romaine.* On trouve dans cette commune des traces d'anciennes forges, signalées par M. Boutiot dans sa Géographie ancienne du département de l'Aube. (S. A., 1861, tom. 25, p. 80.)

VULAINES. *Ép. moderne.* Litre ou ceinture funéraire aux armes de la famille des Ursins de Trainel, placée à l'intérieur de l'église paroissiale de Saint-Antoine.

CANTON DE BOUILLY.

(Chef-lieu . BOUILLY.)

BOUILLY. *Époque romaine.* Poteries et ustensiles antiques découverts en déblayant, ces années dernières, la source souterraine trouvée au pied de la côte de Bouilly au sud-ouest.

BUCHÈRES. *Ép. moderne.* Ancien manoir du XVIe siècle.

ISLE-AUMONT. *Moyen âge.* Consulter sur son église et sur son château V. A., p. 79-80. ‖ *Ép. moderne.* Chapelle au hameau de Roche, dédiée à sainte Reine. — Fontaine voisine, sous la même dédicace.

JAVERNANT. *Ép. romaine.* Au hameau appelé Le Cheminot, trois tombeaux, dont un de pierre et les deux autres de plâtre, furent trouvés, vers 1766, dans une basse-cour, à 1^m 50 de la voie romaine de Troyes à Auxerre. Ils renfermaient des ossements. Celui de pierre contenait en outre deux pendants d'oreilles d'argent, de forme arrondie, se fermant par un ressort que couvrait un petit cœur d'argent.— Des fouilles postérieures ont amené, dans le même lieu, la découverte d'autres tombeaux de plâtre ne renfermant que des ossements.

LIREY. *Moyen âge.* Chapitre fondé par Geoffroy de Charny, en 1353, pour six chanoines, y compris le doyen. — Notre-Dame-de-Lirey a possédé le Saint-Suaire aujourd'hui à Turin. — Sur son origine, sa fondation, voir V. A., p. 115-118.

LONGEVILLE. *Ép. moderne.* Emplacement de la chapelle Saint-Michel, aujourd'hui détruite.

MONTCEAUX. *Moyen âge.* Petit coffret de voyage en tôle repoussée, trouvé sur le territoire de cette commune, faisant partie de la collection de M. Adnot, de Chappes.

MOUSSEY. *Moyen âge.* Au nord du village, fontaine Saint-Clair, avec petite chapelle au-dessus. Pélerinage fréquenté pour les maladies d'yeux et pour recouvrer la vue. — Château féodal de Villebertin, remplacé aujourd'hui par des constructions modernes.

RONCENAY. *Moyen âge.* La Motte, entourée de fossés, où l'Ousse prend sa source.

SAINT-JEAN-DE-BONNEVAL. *Moyen âge.* Consulter sur l'histoire de son ancienne et de sa nouvelle église, V. A., p. 118.

SAINT-LÉGER-PRÈS-TROYES. *Moyen âge.* Ancien manoir de La Planche, dont l'emplacement est intéressant à voir par la disposition des fossés. || *Ép. moderne.* Au-dessus du gouffre l'Etang-l'Abbé, petit bois appelé Le Fort, où était le château de la Motte de MM. de Marisy. Dans les curages de la rivière, on a retrouvé, en 1747, des pièces d'argenterie et les chaînes d'un pont-levis. — Voir Courtalon, *Top. hist.*, t. 3, p. 118. — Croix en pierre sculptée du XVIe siècle, dans le cimetière attenant à l'église. — Belles pierres tombales, notamment de la famille des Marisy, de Troyes.

SAINT-THIBAULT. *Ép. moderne.* Sur le portail occidental de l'église, joli groupe du XVIe siècle, représentant saint Thibault. — Voir V. A., p. 80.

SOMMEVAL. *Moyen âge.* A la ferme de Vausseinain, chapelle isolée du XVe siècle.

VILLY-LE-MARÉCHAL. *Moyen âge.* Mottes entourées de fossés très-profonds; emplacement important. || *Ép. moderne.* Croix en pierre sculptée, à l'embranchement de plusieurs chemins; socle armorié. Cette croix est placée à l'une des limites des anciennes seigneuries de Villy et de Villemereuil.

CANTON D'ERVY.

(Chef-lieu : Ervy.)

AUXON. *Époque romaine.* Sur l'emplacement d'un établissement romain, nommé Blanum ou Blaine, deux meules en granit, provenant d'un moulin antique. — Une autre meule de moulin antique, des fibules, des poteries, des débris d'armes, des monnaies romaines. Conservés au Musée de Troyes. — Couches de cendres enveloppant des débris carbonisés de l'industrie gallo-romaine. — Le fort Vaupicat, près d'Auxon, noté sur la carte de Cassini et signalé par M. Harmand, comme étant de construction romaine. || *Moyen âge.* Les chapelles en bois de Sivrey et de Vert, XIIIe siècle. — Dans celle de Vert, croix processionnelle en bronze, avec Christ et émaux représentant les quatre évangélistes, la seule de ce genre signalée dans le département. || *Ép. moderne.* A la porte de la nef de l'église paroissiale de Saint-Loup, des médaillons et des salamandres. — Deux des quinze bustes qui ornent le joli portail renaissance, dessinés dans V. A., p. 228. — Au hameau de Cosdon, chapelle isolée.

CHAMOY. *Ep. celtique.* Hache en bronze trouvée sur son territoire et conservée au Musée de Troyes. || *Ép. romaine.* Voie établie avec des scories provenant d'exploitations métallurgiques pouvant remonter, selon M. Boutiot, même à l'époque celtique. (S. A., 1861, tom. 25, p. 80.) || *Moyen âge.* Ancien château fort, avec tourelles, fossés et ponts-levis, remontant à une époque très-reculée, aujourd'hui détruit. Il ne reste plus que les bases des tourelles et les fossés. — Au hameau de Voivres, chapelle isolée du XVe siècle. || *Ép. moderne.* Limites de l'ancienne seigneurie de Chamoy et de celles d'Auxon. Bornes seigneuriales avec des armoiries sculptées. — Petite pièce de monnaie en argent, datée de 1566, trouvée à Chamoy en 1861, et conservée au Musée de Troyes.

CHESSY. *Moyen âge.* Au hameau du Breuil, chapelle isolée du XVe siècle. — Au hameau de Maizières, chapelle ancienne.

ERVY. *Ép. celtique.* A quelque distance des deux tombelles signalées au lieu dit La-Croix-des-Mottes, existent encore, sur le chemin de Montiérault, les vestiges de trois autres tombelles qui ont été détruites et dont la terre a été répandue sur le sol qui les entoure. Dessin et Notice par M. Camut-Chardon. (S. A., 1832, tom. 6, p. 5.) || *Moyen âge.* Porte fortifiée avec deux tours, beffroi, donjon et herse. Le pont-levis n'existe plus. Monument remanié.—Anciennes murailles de deux mètres d'épaisseur comprises dans plusieurs habitations particulières. — Au nord-est d'Ervy, prieuré de Montiérault, XIIe siècle, dont l'emplacement est aujourd'hui occupé par une ferme. — A l'église paroissiale de Saint-Pierre-ès-Liens, remarquables vitraux notamment celui de Sainte-Christine et surtout celui qui représente, avec les symboles du paganisme, le Temps, les Parques, etc., le triomphe de la chasteté sur la concupiscence, unique par l'alliance bizarre des idées et des attributs parmi tous les travaux de ce genre dans le département, et de la plus belle conservation. — Chapelle en bois du cimetière. — Voir sur l'histoire et l'église d'Ervy V. A., p. 227. — Plusieurs vues de la ville et de l'église, avec Notice par Aufauvre, dans A. P., p. 61-64. || *Ép. moderne.* Maisons du XVIe siècle, bâties en bois et offrant des détails sculptés assez curieux, tels que poteaux, cormiers et supports d'encorbellement. — Inscriptions. Dessins dans V. A., p. 228.

MONTFEY. *Moyen âge.* A l'église paroissiale de Saint-Léger, tête grimaçante placée à un angle du chœur au nord, XIIe siècle, figurée dans V. A., p. 228.

SAINT-PHAL. *Ép. romaine.* Voie romaine se dirigeant de Pont-Belin sur Estissac, établie avec des scories provenant d'exploitations métallurgiques pouvant remonter même aux temps celtiques, d'après M. Boutiot. (S. A., 1861, tom. 25, p. 80.) — Caveau avec voûte construite en silex, découvert en 1857 au lieu dit les Corattes, contenant de larges tuiles romaines, cinq pots en terre rouge polie et en terre grise, une hache d'armes, de grands clous en fer, une monnaie romaine et une petite cuillère en os. || *Ép. moderne.* Une belle cheminée monumentale du XVIe siècle, provenant du château de Saint-Phal, a été transportée à Paris par les soins de M. Charles de Montaigu.

CANTON D'ESTISSAC.

(Chef-lieu : ESTISSAC.)

BERCENAY-EN-OTHE. *Époque romaine.* Voie romaine se dirigeant sur Estissac.

BUCEY-EN-OTHE. *Ép. moderne.* Manoir considérable du XVIe siècle, avec fossés remplis d'eau, donjon, tourillons du pont-levis, tours avec meurtrières, guichet pour parvenir au chemin de ronde, placé entre les constructions, en forme de quadrilatère, et les fossés ; type de ce genre d'édifice.

CHENNEGY. *Ép. romaine.* Voie romaine se dirigeant sur Estissac. — Forges anciennes dont l'existence est signalée par M. Boutiot. (S. A., 1861, tom. 25, p. 80.) || *Moyen âge.* Sur un coteau du territoire de Chennegy, emplacement de l'hermitage de Notre-Dame-du-Hayer, aujourd'hui occupé par une ferme.

ESTISSAC. *Ép. romaine.* Voie romaine se dirigeant vers Dierrey, traversant la route impériale n° 60 de Nancy à Orléans, à la borne 76k 5. Sa largeur générale est de 6 mètres. — Villa gallo-romaine, située dans la contrée de Logny, section B, parcelles 638, 639 et 640, reconnue pour la première fois en octobre 1861 par M. Boutiot. Nombreux débris de poteries sigillées, de larges tuiles romaines, de marbres fins et variés et de bétons, déposés au Musée de Troyes. Une partie de cet établissement se trouve sur le territoire de Neuville-sur-Vannes. — Médaille romaine, *aureus* de Dioclétien, trouvée en 1852, conservée dans le cabinet de M. Camusat de Vaugourdon. (C. A., 1854.) — Figurine antique, en bronze, trouvée dans des travaux de déblais; grande quantité de tuiles romaines. — Forges antiques, signalées dans S. A., 1861, tom. 25, p. 80. || *Moyen âge.* Croix processionnelle en cuivre, au repoussé, montée sur un pied et exposée sur le maître-autel de l'église paroissiale de Saint-Liébault.

MESSON. *Ép. celtique.* Haches gauloises en pierre, trouvées dans les démolitions du château d'Errey, et conservées au Musée de Troyes.

NEUVILLE-SUR-VANNES. *Ép. celtique.* Bracelets en bronze trouvés aux pieds et aux mains d'un squelette, et conservés au Musée de Troyes. || *Ép. romaine.* Villa dont il est question à l'article Estissac. || *Ép. moderne.* Dans l'église paroissiale de Saint-Martin, bonnes peintures du XVIe siècle, un tableau représentant la Mise au tombeau avec armoiries du donateur, un autre représentant une Décollation en présence d'un empereur romain. — Ancien manoir du XVIe siècle, dont il reste des constructions et une portion des fossés.

VILLEMAUR. *Ép. celtique.* A la lisière du bois de Villemaur, dolmen à rainures, connu sous le nom de Pierre-aux-dix-Doigts. Notice de M. Camut-Chardon, S. A., 1832, tom. 6, p. 7 et 8. — Une hache en silex, conservée au Musée de Troyes. || *Moyen âge.* Jubé de l'église de Villemaur (vue prise du chœur), publié avec notice par les auteurs des Voyages pittoresques et romantiques dans l'ancienne France, Champagne. — Une autre vue (côté de la nef), même ouvrage. — Dans *Les Arts au Moyen âge*, par Dusommerard, une planche imprimée en or porte pour légende : XIIe siècle. Email byzantin. Châsse conservée dans l'église de Villemaur (Aube).

CANTON DE LUSIGNY.

(Chef-lieu : LUSIGNY.)

CLÉREY. *Moyen âge.* Voir sur son histoire et sur son église V. A., p. 92-93. — Château de Courcelles remanié, encore entouré de ses fossés.

COURTERANGES. *Moyen âge.* Village de la Guillotière existant au XVIe siècle A environ 150 mètres au midi de la chaussée qui traverse la Barse, route impériale n° 19, lieu dit encore aujourd'hui Pont-de-la-Guillotière, on a trouvé des débris de constructions. Ce village figure sur la liste de ceux composant le ressort du bailliage de Troyes, publiée en 1765.

LAUBRESSEL. *Ép. moderne.* Belle croix de cimetière, en pierre sculptée et ornementée, groupe représentant saint Georges à cheval, datée de la première moitié du XVIIe siècle.

LUSIGNY. *Moyen âge.* Carreaux en terre émaillée de l'ancien couvent de La Rivour. Conservés au Musée de Troyes. || *Ép. moderne.* Belle statue en pierre représentant la Justice avec ses attributs, la balance à la main droite, le glaive à la main gauche, foulant un roi sous ses pieds, XVIe siècle. Collection de M. Valtat, sculpteur à Troyes.

MONTAULIN. *Ép. romaine.* Au hameau de Daudes, petite statuette antique en bronze, conservée au Musée de Troyes. — Monnaie romaine. — Agrafes de manteau en bronze faisant partie de la collection de M. Adnot. || *Ép. moderne.* Beau manoir en bois du XVIe siècle, entouré de fossés. Ces manoirs disparaissent tous les jours. Les fossés de celui-ci ont été remplis en 1861, et le bâtiment va aussi disparaître.

MONTIÉRAMEY. *Moyen âge.* Carreaux émaillés en terre cuite, provenant de l'ancienne abbaye de Montiéramey. Conservés au Musée de Troyes. || *Ép. moderne.* Au XVIe siècle, mis au rang des villes fermées du bailliage de Troyes.

MONTREUIL. *Ép. moderne.* Manoir de Maintegère, XVIe siècle. — Dans les fermes des Bures, église paroissiale de Saint-Michel, aujourd'hui détruite. — Voir Courtalon, *Top. hist.*, tom. 3, p. 109.

ROUILLY-SAINT-LOUP. *Ép. romaine.* Dans l'emplacement dit le Champ-de-Bataille, on a trouvé des cercueils en pierre et des médailles.

CANTON DE PINEY.

(Chef-lieu : PINEY.)

AUZON. *Époque moderne.* Ancien manoir du XVIe siècle, dont les constructions remaniées conservent la disposition du premier plan. Fossés encore existants.

DOSCHES. *Ép. moderne.* Ancien château du XVIe siècle. Fossés profonds et largement ouverts.

GÉROSDOT. *Ép. celtique.* Hache et couteau en silex, conservés au Musée de Troyes. || *Moyen âge.* Château fortifié. Fossés encore existants. — A la ferme de l'Hopitau, ancienne chapelle dépendant de la Commanderie de Bonleu. Détails de sculpture intéressants. — Beau tympan sculpté de la porte d'une chapelle du XIIIe siècle.

PINEY. *Ep. moderne.* Au midi, emplacement du château de Piney, ayant appartenu à François et Henri, ducs de Piney-Luxembourg. — Maison en bois avec galerie, XVIe siècle. — Dans l'église, on voyait naguère une bonne peinture représentant une Adoration des Mages, avec des costumes de la fin du XVIe siècle, et où figuraient Henri IV, le duc François de Luxembourg et autres personnages considérables de cette époque. — Ferme de Rachizy, emplacement d'un manoir du XVIe siècle. Fossés.

ROUILLY-SACEY. *Moyen âge.* Au hameau de Sacey, dans l'église St-Gengoul l'on trouve des carreaux émaillés. || *Ép. moderne.* Au hameau de Sacey, ancien château, nommé château d'Orient. Emplacement et partie de fossés.

TROYES. — 1er CANTON.

(Chef-lieu : TROYES.)

CRÉNEY. *Époque moderne.* Belle tombe gravée du XVIe siècle, représentant deux personnages sur le champ principal, et au pied de ces deux personnages, une bière près de laquelle prie la famille. — Cuve baptismale du XVIe siècle. Beau modèle.

PONT-SAINTE-MARIE. *Ép. moderne.* Dans le chœur de l'église de l'Assomption, stalles en bois sculpté du XVIe siècle. Publiées dans P. A., chap. Sculpture sur bois et sur ivoire, p. 13. — A la sortie du Pont-Hubert, à gauche de la route impériale de Nancy à Orléans, petite chapelle en bois, dédiée à Notre-Dame-de-Pitié. Statue de la Vierge tenant le Christ sur ses genoux.

SAINT-PARRES-LES-TERTRES. *Ép. romaine.* Temple païen au lieu dit Mont-des-Idoles, sanctifié par le martyre de saint Parres, au IIIe siècle. Pèlerinage.— Chapelle bâtie sur cet emplacement, remplacée elle même, au XVIe siècle, par l'église actuelle. || *Moyen âge.* Reliquaires en écaille venant de l'abbaye de Foicy.

SAINTE-MAURE. *Ép. romaine.* Plusieurs monnaies du IIIe siècle, au cabinet de M. le prince de Lucinge. || *Moyen âge.* Reliques de sainte Maure, vierge de Troyes, successivement renfermées dans une chàsse du XVe, du XVIe et du XVIIIe siècle. — Au hameau de Vannes, moulins à grains, existant au XIIe siècle, et moulins à papier des Le Bé, aux XVe et XVIe siècles. — Hameau de Charley disparu en 1678, les maisons ayant été détruites pour agrandir le parc du château de Sainte-Maure. || *Ép. moderne.* Entre Sainte-Maure et Vannes, borne armoriée, limitant l'ancienne seigneurie de Charley de celle de Vannes, XVIe siècle. — Dans l'église paroissiale, tabernacle majestueux du maitre-autel en bois doré, du commencement du XVIIe siècle. — Tableau de la Nativité, par Carrey, de Troyes. — Deux vitraux de Linard Gonthier, le premier représentant le jugement de Salomon, et le second l'arbre de Jessé, aux branches duquel sont attachés, sous le nom des rois de Juda, les portraits des rois de France de la troisième race ; vitrail daté de 1603.

VAILLY. *Ép. celtique ou romaine*. Tertre peu étendu, mais assez élevé, à droite de la route impériale n° 77, à l'embranchement du chemin de Vailly. Cet emplacement, qu'on suppose être un tumulus, a été indiqué à la Société Académique de l'Aube comme pouvant être fouillé.

VILLACERF. *Moyen âge*. Appelé à cette époque Samblières. — Emplacement d'un monastère de l'ordre de Cluny, bâti vers la fin du XIe siècle, par saint Adérald, chanoine et archidiacre de Troyes, qui avait rapporté de la Terre-Sainte un fragment de pierre du sépulcre de Jésus-Christ. De là le nom de Saint-Sépulcre, donné au monastère et au village. — Ancien château du XIIe siècle. || *Ép. moderne*. Ce château, rebâti au XVIIe, fut enfin remplacé à la fin du même siècle par celui qui fut démoli à la grande révolution, et dont nous avons le dessin, d'après Mme Corrard de Breban, avec Notice par M. Corrard, dans A. A., 1856, p. 63. — Au commencement de ce siècle, on voyait encore dans les jardins les cascades, les bassins et les statues qui décoraient cette habitation vraiment princière. — Des conduits en fonte, qui distribuaient les eaux, servent de bornes à plusieurs maisons de Troyes et des environs. — La statue représentant Atlas se voit aujourd'hui au château de Sainte-Maure. — Les bustes en marbre blanc de Louis XIV et de Marie-Thérèse, de grandeur naturelle, sculptés par Girardon, sont conservés au Musée de Troyes.

TROYES. — 2e CANTON.

(Chef-lieu : TROYES.)

BARBEREY. *Moyen âge*. Etablissement d'une papeterie des Le Bé, aux XVe et au XVIe siècles, dans le lieu qui garde encore leur nom.

CHAPELLE-SAINT-LUC (LA). *Moyen âge*. Au midi, emplacement d'une ancienne abbaye de femmes, dites les Cordelières, fondée au XIIIe siècle, occupé aujourd'hui par une ferme qui porte le nom de la Cordelière. — La propriété, dite le Temple, rappelle un autre souvenir du XIIe siècle. — Perthuis Saint-Etienne, dont la première origine remonte au XIIe siècle, et dont on voit encore les débris au-dessous du pont de Fouchy, en tête de la prairie. — Voir Doé, *Notice des principaux Monuments de la ville de Troyes*, p. 139-142. || *Ép. moderne*. Tombe en beaux carreaux émaillés de la fin du XVIe siècle, dont la bordure courante en lettres gothiques, aujourd'hui incomplète, rappelait les noms du défunt; il n'en reste plus que six morceaux bien conservés.

MACEY. *Ép. romaine*. Fer de javelot antique, conservé au Musée de Troyes.

NOES (LES). *Ép. celtique*. Une hache en silex, trouvée dans un banc de terre jaune non remuée, conservée au Musée de Troyes. || *Moyen âge*. Au nord de la commune, dans la contrée dite la Croix-des-Filles, emplacement d'un couvent de Bénédictines, fondé, dit-on, par Anne Musnier, maîtresse de Henri-le-Libéral, au XIIe siècle, signalé aujourd'hui par les fondations et par le vivier qui subsistent encore. — Deux petites colonnes dont l'une soutient une table de pierre devant la croix du cimetière, et l'autre est à l'église, proviennent de la Croix-des-Filles. Les deux colonnes qui supportent le bénitier sortent du même couvent. ||*Ép. moderne*. A l'église paroissiale de la Nativité de la Sainte-Vierge, belle statue en pierre de saint Sébastien, à gauche de l'autel Saint-Nicolas, attribuée à Gentil, de Troyes, XVIe siècle. — Piscine du XVIe siècle, cachée par une boiserie en chêne. — Inscription, avec blason armorié, gravée sur cuivre, et encastrée dans un des murs extérieurs de l'église, près de la sacristie ; datée de 1598. — Autre inscription, du XVIe siècle, simplement gravée sur une pierre du mur extérieur de l'église : QVI IACET IN TERRA NON HABET VNDE CADAT.

PAYNS. *Moyen âge*. Au midi, emplacement de l'ancien château signalé par une butte d'une grande étendue et de trois à quatre mètres d'élévation.

RIVIÈRE-DE-CORPS (LA). *Moyen âge*. Chapelle Saint-Hippolyte, aujourd'hui détruite, mais dont l'emplacement est encore marqué par une croix. Le souvenir en est conservé à l'église Sainte-Savine par un vitrail représentant le martyre de saint Hippolyte, écartelé par quatre chevaux.

SAINT-LYÉ. *Ép. romaine.* Plusieurs cercueils de pierre trouvés sur le territoire. Des débris de cercueils en pierre ont servi à construire la tour du clocher de l'église, dans sa partie inférieure. || *Moyen âge.* Ancien château-fort donné à Mathieu, évêque de Troyes, par Louis VII, remplacé au xvie siècle par des bâtiments considérables dont il reste encore une partie importante. || *Ép. romaine.* Un colombier, vaste et élevé, porte les armoiries de l'évêque Odard Hennequin.

SAINTE-SAVINE. *Ép. celtique.* Fer de flèche trouvé près de la Croix-La-Motte ou La Beigne, conservé au Musée de Troyes. || *Ép. romaine.* Voie de Sens à Troyes, suivant à peu près, sur le territoire de la commune, le tracé de la route. — 3,000 médailles d'argent, formant une suite de Maximin à Posthume, renfermées dans un pot, trouvées en 1716, à un kilomètre de Troyes, près de La-Croix-La-Beigne, à droite de l'ancienne chaussée romaine. || *Moyen âge* et *Ép. romaine.* Voir sur son église Arnaud, *Antiquités de la ville de Troyes,* Introduction.

TROYES. — 3e CANTON.

(Chef-lieu : TROYES.)

BRÉVIANDE. *Moyen âge.* A l'entrée du village, à l'ouest de la route impériale n° 71 de Dijon à Troyes, emplacement de l'hospice Saint-Lazare, ou des Ladres, ou Maladrerie-des-deux-Eaux, fondé avant le xie siècle, limité par les ruisseaux du Triffoire et de la Hurande, aujourd'hui couvert par les habitations particulières de Bréviande. La chapelle et la maison détruites en 1733. — Voir une savante notice de M. Harmand, S. A., 1848, p. 429-519, l'*Almanach de la Champagne,* 1854, p. 128-133, et V. A., p. 20 et 21.

LAINES-AUX-BOIS. *Ép. moderne.* Voir sur ce village et sur son église, V. A., p. 50-52.

ROSIÈRES. *Moyen âge.* Les Chartreux établis au lieu dit La Prée, en 1332. Aux Chartreux succéda le prieuré de Sainte-Scholastique, en 1628, supprimé en 1743. Le bâtiment qui reste du prieuré sert aujourd'hui de grange. — Voir sur le prieuré de Sainte-Scholastique, *Topog.* de Courtalon, tom. 3, p. 44. — Une tuile faitière avec ornements, provenant du prieuré, conservée au Musée de Troyes. || *Ép. moderne.* Vue du chateau et notice par Aufauvre. (A. P., p. 49-50.)

SAINT-ANDRÉ. *Moyen âge.* A l'église de Saint-André, étoffes à magnifiques dessins, curieux débris de la texture du xiiie siècle, provenant de l'abbaye de Montier-la-Celle. Une de ces étoffes porte cette mention, écrite en 1700 par les Bénédictins de Montier-la-Celle : *Sudariorum et ornamentorum sacrorum fragmenta sancti Ursionis.* 1700. Une autre : *Manipulus sacerdotalis sti Melani conf. hujus loci monachi et abbatis nec non Trecensis epi.* 1700. Beaucoup d'autres beaux tissus sur lesquels il faut consulter l'*Almanach de Bar-sur-Seine,* 1854, p. 88-91, et l'*Industriel de Troyes.* — Statuette en bois de noyer, de 40^c de hauteur, représentant saint Frobert, fin du xve ou commencement du xvie siècle, provenant de l'abbaye de Montier-la-Celle. Dans le pied de la statuette, petite relique du saint. (Collection de M. Valtat, de Troyes.) — Emplacement de l'ancienne paroisse de Saint-Michel, entre l'église de Saint-André et celle de Montier-la-Celle, au lieu nommé Aux-Deux-Tombes, *ad duas tumbas;* elle existait en 1381. En 1509, il y avait encore l'église et un hameau de trois maisons. — Cuve à papier, en pierre, servant de margelle de puits, xve siècle, provenant d'une papeterie des Le Bé, et conservée dans une maison de Saint-André nommée la Chapelle-au-Bé. || *Ép. moderne.* Tombe de Jehan Truchot, de Troyes, prévôt de l'abbaye de Montier-la-Celle, xvie siècle. Le religieux y est représenté en relief, couché dans une niche en arc surbaissé. Conservée au Musée de Troyes. (S. A., 1836, tom. 7, p. 17-19.) — Tabernacle en bois doré, xvie siècle, figuré dans *Les Arts au Moyen âge,* par Dusommerard. — Sur l'église paroissiale, flèche très-haute, accompagnée de quatre clochetons, datant du xvi° siècle. — Dans l'église Saint-André, demi-relief encastré dans le mur à côté de l'autel de la Vierge, représentant une Descente de Croix, et paraissant remonter au xiii° siècle. — A gauche du portail, porte murée donnant passage, selon la tradition, aux ladres guéris de la Maladrerie-des-Deux-Eaux.—Le beau portail occidental de l'église de Saint-André, attribué par Grosley à Dominique et à Gentil, a été dessiné par M. Max Berthelin, de Troyes, qui en a fait don au Musée de cette ville. — Consulter, sur l'église de Saint-André, Arnaud, *Antiquités de la ville de Troyes*, Introduction.

SAINT-GERMAIN. *Ep. romaine*. Dans le marais de Saint-Germain, nombreuses traces de constructions antiques : une chaussée romaine, explorée par M. Thierry, maire de Saint-André, a fourni des silex pour construire les murs extérieurs de son usine. — Des tuiles larges à deux rebords et des ciments antiques jonchent le sol autour d'une petite fontaine située dans ce marais, entre la ferme des Blancs-Fossés et la propriété de Courcelles. — Dard en cuivre d'une flèche antique. Ce dernier objet est au Musée de Troyes. — Voir sur ce village, V. A. de M. Arnaud, p. 49-50.

SAINT-JULIEN. *Ép. romaine*. Au hameau de la Saulte, tombeau trouvé, en 1766, à 6 pieds de profondeur, dans un banc de grève, à l'endroit où le chemin de Troyes à Saint-Julien traverse le gué du ruisseau de la Saulte. Ce tombeau, de 2^m 30 de longueur, en pierre de Polisy, avait pour couvercle une grande pierre taillée en toit, dont l'arête rabattue était terminée dans toute sa longueur par une bande saillante. Il renfermait des ossements. (*Éph.* de Grosley, tom. 2, p. 301-302.) — A l'est de la Saulte, dans l'emplacement du chemin de fer de Paris à Mulhouse, cimetière à ustion. || *Moyen âge*. Etablissement de Templiers, sur l'emplacement duquel s'élève aujourd'hui une ferme encore appelée le Temple. — Voir *Pièces du procès des Templiers*, publiées par Michelet. || *Ép. moderne*. A la porte principale de l'église de Saint-Julien, statuette en bois, comprise dans l'ornementation de la porte, représentant saint Julien, xvi° siècle.

TROYES. *Époque celtique*. Deux haches en silex trouvées dans les fouilles du canal, et conservées au Musée de Troyes. — Médaille en bronze, de petit module, portant d'un côté un oiseau et d'autres ornements barbares difficiles à distinguer, trouvée dans la propriété de M. Dussaussay, au Pied-de-Cochon, et conservée dans le cabinet de M. Adnot, de Chappes. — Petit cerf en bronze de 14° de longueur et 11° de hauteur, trouvé dans la rue Urbain IV, au milieu de poteries et de débris antiques, et faisant partie de la collection de M. Valtat, sculpteur à Troyes. Un semblable, un peu plus fort, se voit au Musée de Cluny. || *Ép. romaine*. Poteries, fragments de fresques, de casque doré, débris de corniche en marbre, objets en fer, trouvés sur le sol d'une mosaïque, sur l'emplacement de la cathédrale de Troyes. Conservés au Musée de Troyes. — Beaux fragments d'entablement gallo-romain retaillés à l'envers au xiii° siècle, et placés dans les tambours de colonnes et les parements de la chapelle de la Vierge, à la Cathédrale de Troyes. — Construction souterraine antique retrouvée par le travers du même endroit. — (?) Quatre urnes sépulcrales, avec anses, remplies de cendres et de charbon, ayant 15° de haut sur 40° de circonférence, percées les unes de trois et les autres de quatre petits trous sur le bouge, pour faire sortir la fumée de l'encens qu'on y faisait brûler, trouvées en 1782, à 4 mètres de profondeur, en creusant dans l'église des Cordeliers de Troyes. (Voir *Journal de Troyes*, 1782, p. 204.) — A la Vacherie, partie supérieure d'une belle amphore de 35 à 40° de hauteur, trouvée à 4 mètres de profondeur dans un gravier non remué et situé à une très-grande distance de la Seine. Elle fait partie de la collection de M. Valtat, sculpteur à Troyes. — Deux meules en granit d'un moulin à bras, trouvées en 1855 dans un jardin faisant l'angle des ruelles aux Moines et de Chaillouet, à 1^m 50 de profondeur, et déposées au Musée de Troyes. (S. A., 1857, tom. 21, p. 409.) — Meule de moulin romain, en granit, trouvée près de la porte de Preize, conservée au Musée de Troyes. — Petites meules de moulin, en granit, rompues en deux ou trois morceaux, quantité de blé carbonisé, plusieurs médailles et fragments nombreux de poterie romaine, de peintures murales, trouvés en 1850 dans les fouilles opérées pour les fondations du Musée Simart. Onze différents noms de potiers sont inscrits sur des fragments de ces vases conservés au Musée de Troyes. (S. A., 1850, tom. 23, p. 267-271.) — Une meule de moulin à bras, des poteries antiques, un bracelet en métal et une lame, trouvés en 1857 dans le couvent de Saint-Martin-ès-Aires. Conservés au Musée de Troyes. — Sorte de vase en pierre tendre, ayant la forme d'un mortier, avec deux anses et une rigole, ayant 25c de largeur sur 22 de hauteur, trouvé près des mosaïques de l'Abattoir. — Un autre semblable, de 34c de largeur sur 24 de hauteur, trouvé au faubourg Sainte-Savine, près de l'ancienne mare, à côté d'une meule de moulin romain en granit. — Un troisième semblable, de 31c de largeur sur 20 de hauteur, trouvé derrière le chevet de l'église Saint-Remi. Ces trois vases et la meule font partie de la collection de M. Vallat, de Troyes. — 212 médailles en or, depuis Néron jusqu'à Marc-Aurèle, trouvées en 1726 dans une vigne située aux Fallets, près de la porte Saint-Jacques; le pot qui les renfermait était de terre rouge. (*Éph. Troy.* de Grosley, année 1758, p. 5.) — Fragments de mosaïque antique trouvés dans la cour de l'évêché de Troyes, en 1856. Conservés au Musée de Troyes. — Dodécaèdre ou sorte de dé en bronze, régulier et creux, (d'autres disent une masse d'armes), trouvé à Troyes, en 1842, rue de la Cité, et conservé au Musée. (S. A., 1855, tom. 19, p. 90-91.) — Un moulage en plâtre du buste de Bacchus en marbre gris, trouvé rue du Bois, vers 1747, et aujourd'hui perdu, est conservé au Musée de Troyes. — Emplacement de la maison de sainte Mâtie, vierge de Troyes, au coin de la rue des Godets, du côté de la Cathédrale, IIIe siècle. Reliques de la sainte à la Cathédrale de Troyes. Pélerinage célèbre qui a subsisté jusqu'en 1830. — Emplacement du puits de sainte Jule, vierge de Troyes, rue des Filles-Dieu, au lieu où elle fut martyrisée, IIIe siècle, couvert d'une arcade de pierre en forme de chapelle, avec image de la sainte au frontispice. Petit monument plusieurs fois renouvelé et dont le dernier état remontait à l'année 1671. Détruit en 1833. Pélerinage; les eaux de ce puits passaient pour guérir de la fièvre. Vue du puits de sainte Jule, d'après un dessin de Mme Corrard de Breban, avec Notice par M. Corrard de Breban, dans A. A., 1855, p. 121. — Inscription funéraire d'une date inconnue citée par Grosley, d'après le père des Pithou et que Gruter a reproduite; on y voit que Troyes était nommée parmi les cités gauloises avant Paris. (Voir Grosley, *Éph. Troyennes,* et *Notice des principaux Monuments de la ville de Troyes,* par Doé, p. 16 et 167.) — Inscription lapidaire de C. Catulinus Deciminus, fils de Tutius, tricasse d'origine, et prêtre de Rome et des Augustes, n° 47 du catalogue du Musée lapidaire de Lyon, portique XXX; monument, le premier de ce genre, qui fut placé sous les portiques du Musée de Lyon. (Voir Grosley, *Éph. Troy.,* 1758, S. A., tom. 7, p. 6, et le journal l'*Aube* du 12 avril 1859.) — TRI. Fragment d'inscription donnant le commencement du nom des Tricasses (peut-être Tricastins?) et indiquant les places réservées aux députés de ce peuple dans les représentations scéniques de la naumachie de Lyon, et trouvée près d'autres inscriptions de même sorte, n° 506 du catalogue du Musée lapidaire de Lyon, portique LII. — Consulter sur les voies romaines qui traversaient Troyes, outre le mémoire de M. Corrard de Breban, celui de M. Jaquot, publié avec planche dans la *Revue archéologique* de 1855, et *Études sur la Géog. anc. appliquées au dép. de l'Aube,* par M. Boutiot, S. A., 1861. T. 25, p. 70-73. — Sur l'enceinte de l'*Oppidum* gaulois ou de la cité romaine des Tricasses, consulter *Troyes et ses environs,* par Anfauvre, p. 9 et 143. || *Moyen âge.* Prieuré de St-Jacques, son emplacement à la bifurcation des routes d'Arcis et de Bar-sur-Aube, connu dès le XIe siècle. — Couvent des Trinitaires ou Mathurins, son emplacement, en dehors et près de la porte de Comporté (Preize), en 1260, puis en 1693 à la bifurcation des routes d'Arcis et de Bar-sur-Aube, après la fusion des Trinitaires avec le prieuré de Saint-Jacques; occupé aujourd'hui par une usine. — Hôpital de Saint-Bernard, fondé au XIe ou XIIe siècle, détruit par l'incendie de 1524, puis rebâti. Il se trouvait, suivant M. Corrard de Breban, sur l'emplacement occupé aujourd'hui par l'hôtel de France, rue de la Monnaie. — Hôpital de Saint-Abraham, fondé au XIIe siècle, détruit au XIVe par les Anglais. L'emplacement est occupé aujourd'hui par des bâtiments modernes, rue Jaillant-Deschainets, n° 40. — Hôpital Saint-Nicolas, antérieur au XIIIe siècle, dont l'emplacement est à peu près occupé aujourd'hui par les bâtiments modernes du Petit-Saint-Nicolas. — Hôpital du Saint-Esprit, fondé au XIIe siècle dans l'emplacement occupé aujourd'hui par la caserne de l'Oratoire, à l'entrée du faubourg Croncels.—Commanderie du Temple, fondée au XIIe siècle, à Troyes, rue Composte, aujourd'hui rue du Temple, remplacée au XIVe par une Commanderie de Malte. On n'en connaît que l'emplacement occupé par des bâtiments modernes, rue du Temple, n°s 1 et 3.

ÉGLISE CATHÉDRALE DE SAINT-PIERRE ET SAINT-PAUL. Saint-Pierre et Saint-Paul, cathédrale de Troyes (vue intérieure) ; rue du Bœuf-Renouvelé (vue du chevet et d'une partie de la Cathédrale de Troyes); Cathédrale de Troyes, vitraux de l'abside; Cathédrale de Troyes. Soubassement du transept nord : quatre planches publiées avec texte dans les Voyages pittoresques et romantiques dans l'ancienne France, Champagne. — Verrière de la Cathédrale, XIIe siècle, dessinée et décrite dans P. A., chap. 1er, vitraux, p. 3. — A la chapelle des fonts, remarquable groupe en pierre représentant le baptême de saint Augustin, XVIe siècle, venant, dit-on, de l'abbaye de Saint-Loup. — Grand tableau sur toile représentant l'entrée du pape Pie VII dans la cathédrale de Troyes, en 1805, par M. Paillot de Montabert. — Clefs de voûte provenant de l'ancien bâtiment de la bibliothèque de l'église Saint-Pierre, l'une représentant le Couronnement de la Vierge, l'autre les âmes tirées des limbes par Jésus-Christ, conservées au Musée de Troyes. — Grand nombre de pierres tumulaires avec inscriptions en vers latins, du XIIe au XVIe siècle. (Voir V. A., p. 146-188, et Lapaume, *Antiquités Troyennes*, p. 14-25.) — Inscription de six vers latins autour d'un reliquaire en argent renfermant une dent de saint Pierre et le crâne de saint Philippe, faisant autrefois partie du trésor de la Cathédrale. (Voir V. A., p. 162, et Lapaume, *Antiquités Troyennes*, p. 24-25.)—Joli petit reliquaire en vermeil renfermant une dent de saint Pierre, XIIIe siècle, conservé au trésor de la Cathédrale. — Deux inscriptions grecques, l'une au bord d'un vase de porphyre, l'autre quadruple sur un parement d'autel. (Ces deux objets aujourd'hui disparus.) Interprétées par M. Lapaume dans S. A., tom. 15, p. 65-81. — Comptes de l'œuvre de l'église de Troyes au XIVe siècle dans le *Bibliophile Troyen*, par Gadan, et Comptes de l'œuvre de l'église de Troyes au XVe siècle dans le *Bibliophile de l'Aube*, par Assier. — Sur la construction de l'église de Saint-Pierre, voir *Troyes et ses environs*, par Aufauvre, p. 147-155. — Les seize émaux de la châsse de saint Loup, dont quatorze avec légendes, dessinés exactement par Ch. Fichot, de Troyes, formant un magnifique album appartenant à M. l'abbé Coffinet, de Troyes. Les deux premiers seulement ont été publiés en couleur par M. Gaussen dans le P. A., mais d'une manière moins exacte. — Au trésor de la Cathédrale, fragment d'aube trouvé dans le tombeau de l'évêque Hervée.—Couverture d'un évangéliaire. — Aumônière. (P. A., chap. Textrine.) — Miniature d'un manuscrit en lettres d'or sur vélin connu sous le nom de Psautier du comte Henri. (P. A., Peintures diversés, p. 40, et V. A., p. 38-39.) — Voir pour les aumônières dites des comtes de Champagne, XIIe et XIIIe siècles, V. A., p. 35-36. — Consulter pour les vitraux, les pierres tumulaires et le trésor de l'église Saint-Pierre, les *Antiquités de la ville de Troyes*, Introduction, par Arnaud ; V. A., p. 162-163, *Notes* ; A. A., 1834, p. 217, et Grosley, *Éph. Troy.* Pour l'ensemble de la construction voir Arnaud, *Description historique de la Cathédrale de Troyes*, avec des planches lithographiées. Cette description, accompagnée de trois planches, a été interrompue, mais on la retrouve refondue dans le *Voyage archéologique* du même auteur. — Sur les bijoux et les ornements de la Cathédrale, enlevés du trésor pendant la grande révolution, consulter une Notice historique insérée dans l'*Almanach de Troyes*, de MM. Aufauvre et Gadan, 1848, p. 36-52. — Consulter aussi l'*Almanach de Bar-sur-Seine*, 1854, p. 114. — Sur les objets précieux existant encore aujourd'hui au trésor de la cathédrale, voir *Recherches historiques sur l'origine des parcelles de la vraie Croix*, par M. l'abbé Coffinet, 1855; et *Troyes et ses environs*, par Aufauvre, p. 167-169. — Cellier du chapitre de la Cathédrale, un des plus anciens bâtiments de la ville de Troyes, en face du grand portail de la Cathédrale, aujourd'hui propriété particulière. — Carrelage de la fin du XIIIe siècle, provenant de ce cellier. Conservé au Musée. (Publié dans P. A., chap. Art céramique, p. 8.) — Tuile faîtière ornée, provenant du même cellier. Dessinée à distance, elle est mal figurée dans le C. A. Conservée au Musée de Troyes. — Dans *Les Arts au moyen âge,* par Dusommerard, une planche représentant trois tombes, dont l'une a pour légende : xiv⁰ siècle. Pierre tumulaire. Tombe de Hugo-Cancellis, prêtre. Cathédrale de Troyes.

ÉGLISE COLLÉGIALE DE SAINT-ETIENNE. Magnifique tombeau de Henri I⁰ʳ, comte de Champagne, et tombeau plus magnifique encore de Thibaut III, comte de Champagne. (Pl. et Notice par Arnaud, *Antiquités,* p. 24-33.) — Bassin de cuivre rouge gravé et émaillé, xii⁰ siècle, appartenant au trésor de cette église, publié dans V. A., p. 57-58. — Un chapiteau provenant de la collégiale de Saint-Etienne est conservé au Musée de Troyes. — Un autre beau chapiteau roman historié, trouvé dans les déblais de la chapelle moderne du Bon Pasteur, est conservé dans la collection de M. Valtat, de Troyes. — Groupe en pierre de saint Joachim et de sainte Anne, se rencontrant sous la Porte Dorée, attribué à Gentil, aujourd'hui dans l'église Saint-Pantaléon. — Sceau et contre-sceau en cuivre doré du chapitre de la collégiale de Saint-Etienne, conservé dans le cabinet de M. l'abbé Coffinet et décrit par lui dans *Recueil de la Société de sphragistique,* octobre 1851. — Jubé en pierre, xvi⁰ siècle. (Arnaud, *Antiquités,* Introduction.) Une gravure représentant ce Jubé, œuvre de Dominique et de Gentil, dans *Éphémérides Troyennes* de Grosley, année 1761. — A l'église Saint-Etienne, nombreuses inscriptions en vers latins gravées sur des pierres tumulaires ou accompagnant des statues des comtes et des comtesses de Champagne. (Voir V. A., p. 27-33, et Lapaume, *Antiquités Troyennes,* p. 26-34.) — Peinture sur bois, de 60⁰ de hauteur sur 45⁰ de largeur, représentant Henri-le-Libéral, comte de Champagne, œuvre de François Clouet, xvi⁰ siècle. Au-dessus du portrait, inscription de l'époque portant HENRICVS CAMPANIÆ COMES. OB. 16. MART. 1180. ÆT. 53. Une seconde inscription, plus récente, ajoute : FUNDATOR HUIUS ECCLESIÆ. Ce tableau, provenant de l'église St-Étienne, fait partie du cabinet de M. Coffinet. — Sur les bijoux et les ornements de la collégiale de Saint-Etienne, enlevés à la révolution, consulter l'*Almanach de Troyes,* par M. Aufauvre, 1852, p. 47-54 ; l'*Almanach de Bar-sur-Seine,* 1854, p. 114-116, et un travail de M. l'abbé Coffinet, intitulé : *Trésor de Saint-Etienne,* Paris, 1860.

ÉGLISE SAINT-URBAIN. Sur l'épaisseur de la marche de marbre noir qui forme le seuil du chœur, inscription en lettres du xiii⁰ siècle, qui exerce la sagacité des archéologues. (Voir, sur cette inscription, Lapaume, *Antiquités Troyennes,* p. 51-52. — Belle piscine, où le pape Urbain IV et son neveu le cardinal Ancher de Sainte-Praxède sont représentés avec les attributs des fondateurs. Figurée et décrite dans V. A., p. 193. — Piscine du chœur de l'église Saint-Urbain ; portail occidental de l'église Saint-Urbain : deux lithographies dans *Le Moyen âge monumental et archéologique.* — Bas-relief en ronde bosse, encastré dans le mur à gauche de la chapelle de Notre-Dame-des-Sept-Douleurs, près du portail occidental, représentant plusieurs scènes de la Passion et le Crucifiement, xiv⁰ siècle. — Dans la même chapelle, quatre petits bas-reliefs en albâtre, appendus de chaque côté de la statue de Notre-Dame, représentant l'Adoration des Mages, le Portement de Croix, le Crucifiement et le Jugement de Salomon. — Dans *Les Arts au Moyen âge,* par Dusommerard, une planche représentant trois tombes, dont l'une porte pour légende : xiv⁰ siècle. Pierre tumulaire. Tombe de Jean Maulery et de sa femme. Eglise Saint-Urbain de Troyes. — Tombe du xiv⁰ siècle (Renaus de Colombier), figurée dans *Les Arts au Moyen âge,* par Dusommerard. — Saint-Urbain à Troyes (vue extérieure); église Saint-Urbain, grande rue de Troyes; portique de Saint-Urbain à Troyes; vue latérale du portique de l'église Saint-Urbain, xiv⁰ siècle ; portail septentrional de l'église Saint-Urbain ; l'église Saint-Urbain (vue intérieure); verrières du chœur de Saint-Urbain : sept planches publiées avec notice dans les *Voyages pittoresques et romantiques dans l'ancienne France, Champagne.* — Consulter sur cette église Arnaud, *Antiquités de la ville de Troyes,* Introduction; A. A., 1834, p. 216; Grosley, *Éphémérides Troyennes*; Doé, *Notice des principaux Monuments de la ville de Troyes,* p. 46; et Aufauvre, *Troyes et ses environs,* p. 109-112.

ÉGLISE SAINT-REMI. Autrefois close de murs avec son cimetière qui occupait la place actuelle dite de Saint Remi. — Epi de toit en terre vernissée, pouvant dater du XIIIe siècle et provenant des bâtiments de l'église. Cet ornement céramique a été décrit et figuré dans le C. A. de Troyes, 1854. Conservé au Musée de Troyes. — Plusieurs bons tableaux sur toile de Ninet de Lestaing, élève de Vouet (1600-1662); de Louis Herluison, élève de Coypel (1668-1706), et de Cossard (XVIIIe siècle), dans la chapelle de Saint-Frobert, dite aussi de Girardon. — Deux inscriptions, dont l'une avec cartouche sculpté en marbre blanc par Girardon, dans la même chapelle. — Dans la chapelle de la Sainte-Vierge, deux médaillons de la Sainte-Vierge et de Jésus-Christ en marbre blanc avec deux petites têtes d'ange au-dessus, par Girardon. — Grande croix en bronze de 6 mètres de haut, emmanchée dans un globe de même métal, ayant 84c de diamètre, terminant la flèche de l'église. — Consulter sur cette église, Arnaud, *Antiquités de la ville de Troyes*, Introduction; Grosley, *Ephémérides Troyennes*, A. A., 1834, p. 217; Doé, *Notice des principaux Monuments de la ville de Troyes*, p. 52 et 102; et *Troyes et ses environs*, par Aufauvre, p. 130.

ÉGLISE SAINT-JEAN-BAPTISTE. Sous l'église, caveaux spacieux servant autrefois aux sépultures. — Rétable et niche en marbre, style grec; deux anges adorateurs en cuivre doré, ornant le maitre-autel : ouvrages de Girardon. — Bon tableau de la Cène, peint par Cossard, de Troyes, à l'autel de la Communion. — Le Père éternel, tableau inédit de Pierre Mignard, église Saint-Jean, XVIIe siècle, pl. et texte par Arnaud, *Antiquités*, p. 6. — Eglise Saint-Jean-Baptiste à Troyes, publiée par les auteurs des Voyages pittoresques et romantiques dans l'ancienne France, Champagne. — Eglise Saint-Jean-Baptiste, rue Moyenne, à Troyes, plus loin Saint-Urbain et la cathédrale Saint-Pierre, publiée dans le même ouvrage. — Consulter sur cette église Grosley, *Éph. Troy.*; Arnaud, *Antiquités de la ville de Troyes*, Introduction; A. A., 1834, p. 215; *Troyes et ses environs*, par Aufauvre, et les *Comptes de la fabrique de l'église Saint-Jean de Troyes*, suivis de pièces curieuses et inédites, par Assier, XV, XVIe et XVIIe siècle. On trouve dans ce dernier ouvrage une partie de l'inventaire des reliques et joyaux appartenant à l'église Saint-Jean, au XVIe siècle.

ÉGLISE DE SAINT-DENIS, aujourd'hui détruite. Trois chapiteaux de style roman provenant de cette église, XIIe siècle, et conservés au Musée diocésain. Des moulages de ces chapiteaux sont au Musée de Troyes.

ÉGLISE ABBATIALE DE NOTRE-DAME-AUX-NONNAINS, aujourd'hui détruite. Statuette en cuivre argenté, datée de 1445, ayant 50c de hauteur, faisant partie du cabinet de M. Adnot, de Chappes. — Epitaphes et inscriptions sur des tombes du XIVe au XVIe siècle. (A. A., 1852, p. 79.)

ÉGLISE SAINT-JACQUES-AUX-NONNAINS, aujourd'hui détruite. Belle statuette en cuivre argenté, ciselé et doré, de 33c de hauteur, surmontant primitivement le bâton de la confrérie de Saint-Jacques, portant le millésime de 1654, avec cette légende gravée sous le pied : *La Confrairie ma faict faire*, conservée dans le cabinet de M. l'abbé Coffinet.

ÉGLISE DE SAINTE-MADELEINE. Sur Sainte-Madeleine de Troyes au XVe siècle, sur les vitraux, voir *Archives curieuses de la Champagne et de la Brie*, par Assier, 1853, p. 51-59. — Eglise de la Madeleine de Troyes; Chœur de l'église de la Madeleine; Vue accidentelle du Jubé de l'église de la Madeleine à Troyes; Transept et Jubé de l'église Sainte-Madeleine de Troyes; Escalier du Jubé de la Madeleine à Troyes; Détails intérieurs de la Madeleine à Troyes; Porte du prieuré de la Madeleine à Troyes : sept planches publiées avec texte par les auteurs des Voyages pittoresques et romantiques dans l'ancienne France, Champagne. — Dans *Les Arts au Moyen âge*, par Dusommerard, une planche porte pour titre : XVe siècle. Jubé en pierre de l'église de la Madeleine, à Troyes. — Dix petits tableaux, peintures sur bois, par Jean Nicot, de Troyes, élève de Poussin, représentant des épisodes de la vie de sainte Madeleine, XVIIe siècle. Le tableau de la chapelle Saint-Joseph est de la même main. — Dans la seconde chapelle à droite, beau tableau représentant saint Pierre pleurant, peinture sur bois. — Consulter sur l'église de la Madeleine, Arnaud, *Antiquités de la ville de Troyes*, Introduction, et p. 17-20; A. A., 1834, p. 215; Grosley, *Éph. Troy.*, Jubé, pl. et description; *Troyes et ses environs*, par Aufauvre, p. 138-141, avec pl.; *Almanach de la Champagne*, [1853, p. 36-45, et 1854, p. 138-141, et *Comptes de la fabrique de l'église Sainte-Madeleine de Troyes*, suivis de l'histoire de la construction du Jubé et de plusieurs pièces curieuses, par Assier, XVe et XVIe siècle. On trouve dans ce dernier ouvrage l'inventaire des reliquaires, des joyaux, des livres et des ornements du trésor de l'église Sainte-Madeleine, au XVIe siècle.

ÉGLISE ABBATIALE DE SAINT-LOUP, aujourd'hui détruite. Panneau en fer doré et porte en fer doré du tabernacle de l'abbaye de Saint-Loup, figurés dans *Les Arts au Moyen âge*, par Dusommerard. — Emblème de procession, figurant un grand dragon en bronze léger, XVIe siècle, au corps couvert d'écailles, à la tête monstrueuse, à la gueule énorme, aux longues ailes et à la queue recoquillée, le tout se mouvant à ressort, appelée la *Chair salée*, aujourd'hui détruit. — Consulter V. A., p. 232; l'*Almanach de la Champagne*, 1853, p. 72-76, et *Archives curieuses de la Champagne et de la Brie*, par Assier, 1853, p. 93-96.

ÉGLISE ABBATIALE DE SAINT-MARTIN-ÈS-AIRES, aujourd'hui détruite. Statue fruste de la Sainte-Vierge, XVIe siècle; statue en pierre de saint Jean-Baptiste, même époque, conservées au Musée de Troyes. — Beau cloître de Saint-Martin-ès-Aires, fin du XVIe ou commencement du XVIIe siècle.

ÉGLISE PRIEURALE DE SAINT-QUENTIN. Dessin de son portail avec Notice par L. Coutant. (A. A., 1854, p. 27.) — Pélerinage pour la guérison de l'hydropisie.—Trois fragments de sculpture, provenant de l'église de Saint-Quentin, sont conservés au Musée de Troyes. — Consulter sur le prieuré de Saint-Quentin *Troyes et ses environs*, par Aufauvre, p. 202.

NOTRE-DAME-EN-L'ISLE, aujourd'hui le Grand-Séminaire. Vue des environs de Notre-Dame-en-l'Isle, Benoit, del. et sculp.

CHAPELLE DE NOTRE-DAME-L'HONORÉE, existant au XIIIe siècle, située près de Saint Blaise, sur l'emplacement même de la rue de la Santé, ayant 3^m 30^c en carré, aujourd'hui détruite. Elle figure au plan de 1670, dans celui de 1697 et dans la reproduction de ce dernier en 1747. (Voir *Recherches sur les anciennes pestes de Troyes*, par M. Boutiot, 1857, p. 43.)

ÉGLISE CONVENTUELLE DES CORDELIERS, aujourd'hui détruite. Une planche intitulée : Chapelle de la Passion. Bibliothèque, XIVe et XVe siècle. — Description de tombes du XVe, du XVIe et du XVIIe siècle. (V. A., p. 105.) — Trois chapiteaux avec la base des colonnes auxquels ils appartiennent, d'autres chapiteaux en grand nombre, quatre clefs de voûte et carreaux en terre émaillée, provenant de l'église des Cordeliers, conservés au Musée de Troyes. — Autres beaux carreaux émaillés et historiés de la même provenance, faisant partie de la collection de M. Valtat, de Troyes. — Groupe en pierre de saint Crépin et saint Crépinien, par Gentil, de Troyes, XVIe siècle, aujourd'hui dans l'église Saint-Pantaléon. Figuré dans V. A., p. 233. — Autre groupe en pierre représentant la *Mater dolorosa*, attribué à Gentil, aujourd'hui aussi dans l'église de Saint-Pantaléon. — Rétable d'autel de la chapelle de la Passion, à l'église conventuelle des Cordeliers, planche et texte, Arnaud, *Antiquités*, p. 37-40. — Voir, sur cette chapelle, Arnaud, *Antiquités de la ville de Troyes*, Introduction, et Aufauvre, *Troyes et ses environs*, p. 193. — On connaît deux vues du couvent des anciens Cordeliers de Troyes, détruit en 1836 : 1° dans la *France pittoresque*, et 2° dans un Recueil de vues lithographiées, à Paris, par Motte : cette dernière planche porte *Maison d'arrêt à Troyes*.

Église conventuelle des Jacobins, aujourd'hui détruite. Porte du cloitre de l'église, petit portique sculpté et colorié, portion de clocheton, fragment d'épitaphe, deux fragments de pierre tumulaire sculptée au trait, carreaux en terre émaillée, chapiteaux et une pierre tombale, conservés au Musée de Troyes. — Curieuse tête de statue de moine en pierre, dont la langue est mordue par un crapaud, XIIIe siècle, trouvée dans les déblais de l'emplacement des Jacobins, et faisant partie de la collection de M. Valtat, de Troyes. — Une lithographie dessinée par M. Arnaud, porte : Vue d'une arcade du cloitre des Jacobins, à Troyes. — Consulter sur l'église des Jacobins l'*Almanach de Troyes*, 1852, p. 78-81.

Deux fragments de pierre sculptée, l'un orné d'arabesques, l'autre ayant appartenu à une niche, provenant des bâtiments de l'ancien hospice Saint-Nicolas, conservés au Musée de Troyes. — Moulin Aumont ou Osmont, premières années du XIIe siècle, placé sur la vieille Seine entre Troyes et Saint-Parres, disparu pendant la guerre des Anglais, XVe siècle. — Moulins-Brûlés, autrefois de Chaillouet ou de maitre Andriau, placés au nord de la ville, sur le canal réunissant la plus grande partie des eaux de la dérivation de la Seine; sans doute antérieurs au XVe siècle; moulins à blé, ensuite à papier, redevenus moulins à blé dans le cours du XVIIIe siècle. Depuis quelques années, des filatures importantes, des moulins à tan, les remplacent. — Moulin des étuves du comte, XIIe siècle. Son emplacement entre la Préfecture et l'Hôtel-Dieu. — Moulin de Fouchy ou de Tirevert, 1169, au-dessous de Troyes, sur un canal réunissant les eaux de la dérivation de la Seine; ayant servi à la meunerie, au foulage des draps, à la papeterie. De nouveau, moulin à blé, il fut brûlé en 1814. Il y a peu d'années, on y établit une filature de filoselle, qui va disparaitre incessamment pour faire place à un nouveau moulin à blé. — Moulin de Jaillard, sur le canal de la Planche-Clément, 1152, moulin à blé converti, il y a peu d'années, en filature. — Moulin de Meldançon, XIVe siècle, sur le canal de Merdançon ou Meldançon. Autrefois moulin à foulon, puis à blé, aujourd'hui filature. — Moulin de la Moline, 1220, sur la dérivation de la Seine dite de la Moline ou du Pré-Lévêque, autrefois moulin à papier, aujourd'hui moulin à blé et filature. — Moulins-Neufs, 1424, construits *intrà-muros*, sur le canal de Croncels et près de la porte de ce nom en raison de la destruction des moulins situés *extrà-muros*, détruits par l'incendie de 1524, et non réédifiés. — Moulin de Notre-Dame, construit avant 1188, moulin à blé et à papier établi sur la dérivation de la Moline, aujourd'hui moulin à blé considérable. — Moulin de Pétal, autrefois de Pétau, 1189; moulin à papier en 1403; moulin à papier et à écorce en 1671; moulin à blé du 1736 jusqu'à nos jours. Au XVe et au XVIe siècle, vanne destinée au passage des bateaux naviguant sur la Haute-Seine, qui devaient un droit de péage au meunier. — Moulin de la Pielle, de la Piolée, autrefois du Prieuré, 1190, sur la dérivation des Charmilles, moulin à blé, puis moulin à foulon, redevenu moulin à blé. On y a établi une filature depuis quelques années. — Moulin de la Rave, autrefois moulin aux toiles, moulin Hardel ou Hardouin, avant le XIVe siècle, établi sur la dérivation de la Moline; moulin à draps, aux toiles, puis moulin à blé. — Moulin Le Roi, XIIIe siècle, sur la dérivation intermédiaire ouverte entre le canal de Pétal et celui de la Moline, moulin à blé, puis à papier. Aujourd'hui papeterie d'une grande importance. — Moulins de Saint-Quentin, avant 1157, *extrà muros*, sur un cours d'eau dérivé de la réunion des canaux de la ville, moulins à blé et à papier au XVe siècle, depuis le XVIIIe consacrés à la mouture du blé. — Moulins de Sancey, dans la seigneurie du commandeur du Temple, de 1152 à 1180. Détruits pendant la guerre des Anglais, premières années du XVe siècle, reconstruits, en 1477, avec vannage pour les besoins de la navigation, disparus définitivement à la fin du XVIIe siècle. (Ces moulins sont nommés, avec ceux de Troyes, étant placés sur la dérivation de la Seine qui conduit l'eau dans la ville.) — Moulin de la Tannerie, établi, en 1189, sur une dérivation du canal de Pétal ou de Croncels, détruit vers la fin du XIVe siècle, reconstruit dans le cours du XVe sous le nom de moulin de La Rothière, plus tard connu sous le nom de moulin à poudre à canon, de Bourdel, enfin de Paresse; d'abord moulin aux toiles, c'est-à-dire à blanchir, moulin à poudre à canon, il devint moulin à foulon, puis moulin à blé, destination qu'il a conservée. —

Moulin de la Tour, établi avant 1157, sur l'ancien ru Cordé, aujourd'hui sur une dérivation du canal de la Haute-Seine, dans l'intérieur de la ville, moulin à blé, puis à foulon, aujourd'hui moulin à blé. — Porte du château des comtes de Champagne à Troyes, publiée avec notice par les auteurs des Voyages pittoresques et romantiques dans l'ancienne France, Champagne. — Porte du château des comtes de Champagne, figurée dans les *Ephémérides* de Grosley, année 1766, sous le nom de *Porte de Prison de Troyes*. — Plan et élévation du palais des comtes de Champagne, 2 planches avec texte. V. Arnaud, *Antiquités*, p. 2-4. — Château de la Vicomté, dont l'emplacement occupait tout le terrain compris entre l'église Saint-Nicolas et l'ancienne porte Belfroi, aujourd'hui détruit. Dans la ruelle de la Vicomté, fragment de mur, dernier vestige du château. C'était l'ancien beffroi de la ville renfermant, au xve siècle, une cloche pesant 19,000 livres. On voit ce beffroi sur la verrière de l'Arquebuse représentant l'entrée de Henri IV à Troyes, conservée à la Bibliothèque publique de la ville. — Pour les sceaux des comtes de Champagne, consulter P. A., chap. Sigillographie; et Arnaud, *Antiquités de la ville de Troyes*, Introduction. — Tombe en pierre dure bien conservée, semblable à celle de Sainte-Maure, existant dans l'église de la paroisse qui en porte le nom, divisée en deux parties superposées; l'inférieure, de forme carrée, a 2^m 17 hors œuvre sur 60^c de large et 60^c de haut; la supérieure, formant couvercle, est de forme semi-circulaire, dépassant le coffre de 4^c dans le sens de la longueur seulement. Trouvée, en 1856, à 1^m 50 de profondeur, dans la partie nord du cimetière de Clamart, près de la chapelle Sainte-Jule, et déposée au Musée de Troyes. (S. A., 1857, tom. 21, p. 407-409.) Cette tombe est aussi semblable à celles dont parle Grosley, et qu'il dit se trouver souvent près de la chapelle Sainte-Jule. — Étalon de mesure de capacité en cuivre, ayant la forme d'une cruche grossière, contenant 1 litre 23 cent., et représentant l'ancienne mesure dite litron de Paris, conservé au Musée de Troyes. (S. A., 1849, tom. 15, p. 28-30.) — Un calice et une patène en étain, conservés au Musée de Troyes, extraits d'une tombe portant en lettres gothiques le nom de *Nicolaus dictus de Rumiliaco*. Trouvés en creusant le canal, vers l'année 1840. (S. A., 1841, tom. 10, p. 208.) — Anneau épiscopal du xiiie siècle, trouvé à Troyes dans le tombeau d'un évêque : saphir brut, fixé par quatre crochets ciselés en feuilles de chêne, faisant partie de la collection de M. l'abbé Coffinet. — Quatorze deniers en argent et en billon des villes de Provins, Troyes, Meaux, Bar-le-Duc, etc., trouvés, en 1849, dans la démolition d'une maison située près de la Cathédrale de Troyes. (S. A., 1849, tom. 15, p. 34-36.) — Carreau circulaire émaillé, xiiie siècle, trouvé, en 1856, dans les déblais du rempart entre la porte de la Tannerie et la porte de Croncels, déposé au Musée de Troyes. (S. A., 1857, tom. 21, p. 422.) — Carrelage fleurdelysé, xiiie siècle, provenant du couvent des Cordeliers de Troyes, publié dans P. A., chap. Art céramique, p. 8 et suiv. — Epi en terre vernissée au plomb, vert et jaune, de 75^c de hauteur, d'un seul morceau, terminé par une forte tige en fer destinée à une girouette, d'une belle composition, commencement du xiiie siècle, le plus curieux spécimen du genre, dit M. Viollet-Leduc. Dessiné et décrit dans C. A., p. 368, et dans le 5e volume du *Dictionnaire raisonné d'architecture* de M. Viollet-Leduc, p. 273-274, conservé dans la collection de M. Valtat, sculpteur à Troyes. — Le Pont-aux-Cailles, à Troyes, sur les côtés extérieurs très-élargi en plein-cintre, à l'intérieur repose sur une arche en ogive, xiiie ou xive siècle. — Vases de terre cuite trouvés dans les fondations des nouvelles prisons, à Troyes, sur l'emplacement de l'église du couvent des Cordeliers, xive ou xve siècle. Ils sont de fabrique grossière, couleur variant du jaune au rouge; ils étaient placés tantôt à la tête, tantôt aux pieds, tantôt à la hauteur moyenne des squelettes humains. (Note de M. Corrard de Breban, S. A., 1832, tom. 6, p. 208-210.) — Sceau en bronze, de forme ronde et taillé à côtes extérieurement, xive ou xve siècle, découvert en 1857 dans les démolitions d'une maison sise à Troyes, rue du Bois. En lire la description donnée par M. l'abbé Coffinet dans S. A., 1858, tom. 22, p. 35-38. — La Belle-Croix, xve siècle, monument de bronze doré, haut de 12 mètres, brisé et fondu en 1793. Un fragment des ornements de cette croix est conservé dans la collection de M. l'abbé Coffinet.

(Consulter planche et notice dans *Antiquités de la ville de Troyes*, par Arnaud, p. 34-36, et V. A., p. 73-75.) — Heurtoir en fer ciselé, fin du XIVe siècle, représentant un dragon, provenant d'une maison située rue du Cheval-Rouge, à Troyes, aujourd'hui à la porte de M. l'abbé Coffinet.— Deux petits boulets en pierre oolitique, XVe siècle, trouvés, en 1854, dans le terre-plein du rempart, entre la porte Saint-Jacques et le Pont-des-Fileurs. Conservés au Musée de Troyes. (S. A., 1855, tom. 10, p. 108-109.) — Autre petit boulet en pierre oolitique, trouvé dans les démolitions de la Tour-Boileau. Conservé au Musée de Troyes. — Consulter sur l'artillerie de Troyes A. A., 1851, p. 3, et un travail de M. Boutiot, intitulé : Dépenses faites par la ville de Troyes à l'occasion du siége mis devant Montereau, par Charles VII, en 1437. (A. A., 1856, p. 23-33.) — Les grandes Boucheries, dessin de Fichot, description par Anfauvre. (A. P., p. 33 et suiv.) — Puits public à Troyes, dessin d'Adolphe Berty, gravé par Bury et Sulpis. C'est le puits du Marché-aux-Oignons, maintenant au Musée, XVe siècle. Le puits a été ouvert vers 1466. — Six puits dont les margelles ou les ferrements présentent quelque intérêt, et datant la plupart du XVe et du XVIe siècle. Notice et dessins par M. Fléchey. (S. A., 1854, tom. 18, p. 413-418.) — Cinq pièces d'or du XVe et du XVIe siècle, trouvées, en 1847, dans une maison en démolition, rue du Mortier-d'Or. (S. A., 1849, tom. 15, p. 36-37.) — La Chaine de Croncels, spécimen des nombreuses chaines qui, au moyen âge, défendaient les rues de la ville, et qui, au moment du danger, enfermaient chaque quartier dans un réseau de fer. Conservée au Musée de Troyes.—Rétable en pierre du XVe siècle, entouré d'une légende en lettres gothiques, trouvé dans une maison de la cour des Trois-Ménétriers, rue du Faucheur. Conservé au Musée de Troyes. — Consulter sur quelques fragments de sculpture du moyen âge, conservés au Musée de Troyes, une intéressante Notice de M. Arnaud. (S. A., 1835, p. 11-19.) — Vitraux des églises de Troyes. Consulter à ce sujet *Les Peintres-Verriers de Troyes*, 1375-1690, par M. l'abbé Coffinet. — Sur les prieurés de l'ancien évêché de Troyes, relevant de l'abbaye de Molême, consulter un travail de M. L. Coutant. (A. A., 1854, p. 81.)

|| *Époque moderne.* ÉGLISE SAINT-NIZIER. Toiture de l'édifice en tuiles émaillées, avec nuances rouges, brunes, vertes, placées en lozanges, spécimen le plus complet à Troyes en ce genre. — A l'intérieur de l'église, plusieurs tableaux dont quelques-uns portent l'écusson de Ninet de Lestaing ; une vue du mont Sinaï, attribuée à l'un des Carraches. — Saint-Nizier à Troyes, publié par les auteurs des Voyages pittoresques et romantiques dans l'ancienne France, Champagne. — Consulter sur la sculpture, sur les tableaux et objets d'art qui ornent ou ornaient cette église, et sur sa construction, Grosley, *Éph. Troy.*; A. A., 1834, p. 220; Doé, *Notice des principaux Monuments de la ville de Troyes*, p. 53 et 108 ; et *Troyes et ses environs*, par Anfauvre, p. 178-180.

ÉGLISE DE SAINT-MARTIN-ÈS-VIGNES. Gravure représentant le portail, XVIIe siècle. (*Éphémérides Troyennes* de Grosley, année 1762.)—Consulter sur cette église, Arnaud, *Antiquités de la ville de Troyes*, Introduction; Doé, *Notice des principaux Monuments de la ville de Troyes*, p. 121 ; et *Troyes et ses environs*, par Anfauvre, p. 242-244.

ÉGLISE SAINT-NICOLAS. Au-dessus du sépulcre, dôme à colonnes abritant un Christ ressuscité, statue aux proportions colossales, chef-d'œuvre de Gentil ; dallage complet en carreaux émaillés de dessins variés et de la plus parfaite conservation, longueur 4^m 40, largeur 2^m 60. Plusieurs carreaux avec le monogramme du Christ, portant le millésime de 1552 ; d'autres, des blasons; d'autres, cette devise, quatre fois répétée sur le même : *Vive le Roi* ; d'autres : *C'est mon plaisir*, aussi quatre fois répétée sur le même carreau. — Consulter, sur les carreaux émaillés de Saint-Nicolas, une Notice de M. Camille Dormois, avec dessins, dans le *Bulletin de la Société des Sciences historiques et naturelles de l'Yonne*, 3e et 4e trimestres 1860. — Bas-reliefs en pierre ; plusieurs statues en pierre, provenant des anciennes églises détruites à la révolution. — Jolie cuve baptismale de la Renaissance. — Belle chaire à prêcher, composée de cinq panneaux en bois, représentant les principaux traits de la vie du patron, xvii⁰ siècle. — Saint-Nicolas à Troyes; Rétable de l'église Saint-Nicolas à Troyes, xvi⁰ siècle; Eglise Saint-Nicolas à Troyes. Escalier du Calvaire : trois planches publiées avec texte par les auteurs des *Voyages pittoresques et romantiques dans l'ancienne France, Champagne*. — Curieuse grille en fer du xvi⁰ siècle, figurée dans *Eph. Troy.* de Grosley, année 1763.) — Portail de l'église, gravure. (*Éph. Troy.* de Grosley, année 1765.) — Consulter sur les tableaux, les sculptures et les objets d'art qui y existent Grosley, *Éph. Troy.*; A. A., 1834, p. 211; Doé, *Notice des principaux monuments de la ville de Troyes*, p. 51 et 103; et *Troyes et ses environs*, par Aufauvre, p. 80-82.

ÉGLISE SAINT-PANTALÉON. Six grands tableaux sur toile par Carrey, de Troyes, élève de Lebrun (1649-1728), et deux de Louis Herluison, de Troyes (1668-1706). — Joli petit bas-relief en albâtre dans la chapelle du Saint-Sépulcre, disparu depuis quelques années et remplacé aujourd'hui par une copie en plâtre, représentant le Père Eternel avec la tiare et la chape, soutenant sur ses genoux le corps du Christ, et portant sur l'épaule gauche le Saint-Esprit sous l'emblème d'une colombe : idée originale de la Sainte-Trinité. xvi⁰ siècle. — Plusieurs groupes en pierre, grandeur naturelle et au-dessus, parmi lesquels Pilate montrant le Christ aux Juifs, la Vierge soutenue par la Madeleine et par saint Jean, etc. — Quatre bas-reliefs en bronze, ornant la chaire de l'église, par Simart, auteur des bas-reliefs du tombeau de l'Empereur. — Stalles sculptées provenant du couvent de l'Oratoire, commencement du xvii⁰ siècle. Quelques-unes de ces stalles sont aujourd'hui à l'église de Vannes. — Inscription latine, placée au chevet, sur la rue du Dauphin, apprenant que le vaisseau a été reconstruit en 1527. — Beaux caveaux sous l'église où l'on voit des autels sur lesquels on a pu célébrer la messe. — Intérieur de Saint-Pantaléon à Troyes; Eglise Saint-Pantaléon à Troyes (autre point de vue intérieur); Sculptures de l'église Saint-Pantaléon à Troyes; Rétable de Saint-Pantaléon à Troyes; Détails intérieurs de l'église Saint-Pantaléon : cinq planches publiées avec notice par les auteurs des *Voyages pittoresques et romantiques dans l'ancienne France, Champagne*. — Consulter sur cette église Grosley, *Éph. Troy.*; Arnaud, *Antiquités de la ville de Troyes*, Introduction; A. A., 1834, p. 213; Doé, *Notice des principaux monuments de la ville de Troyes*, p. 52 et 106; et *Troyes et ses environs*, par Aufauvre, p. 84-87, avec pl.

ÉGLISE SAINT-FROBERT, xvi⁰ siècle, aujourd'hui convertie en atelier. Portail de Saint-Frobert (*Éphém. Troy.* de Grosley, 1768). — Statue en pierre représentant saint Frobert, xvi⁰ siècle, aujourd'hui dans la chapelle de ce nom à l'église Saint-Remi.

Couvent des Antonins, fondé, au xiii⁰ siècle, dans le clos de la Madeleine, fixé, vers 1341, rue de Saint-Abraham, enfin établi, au xvi⁰ siècle, près de l'église Saint-Martin. Les bâtiments sont occupés aujourd'hui par le Petit-Séminaire. Le corps de logis principal remonte au commencement du xvii⁰ siècle. Fenêtres et portes à bossages rappelant l'architecture du temps de Louis XIII. Voir *Troyes et ses environs*, par Aufauvre, p. 244. — Moulin de la Trinité-Saint-Jacques, établi, en 1541, sur le ruisseau de la fontaine de la Vacherie; détruit à la fin du xvii⁰ siècle, barrage rétabli au xix⁰. La chute a été utilisée pour divers établissements industriels. — Moulin à poudre à canon, sur le canal de la Planche-Clément, ayant existé pendant une partie de la dernière moitié du xvi⁰ siècle. — Chapelle de Sainte-Jule, vierge de Troyes, bâtie en 1590, détruite vers 1830, située non loin du puits de Ste-Jule ; l'emplacement est occupé aujourd'hui par des propriétés particulières. Les reliques de la sainte en ont été transférées dans l'église Saint-Martin-ès-Vignes. — Couvent des Capucins, fondé en 1609, au faubourg Croncels, en face la Croix-du-Petit-Pavé. L'emplacement occupé aujourd'hui par des constructions modernes. Il ne reste plus des anciennes que quelques pans de murs et les caves. — L'Arquebuse de Troyes. Anciens bâtiments conservés en partie dans l'île du couvent de Notre-Dame, datant de 1628, occupés aujourd'hui par la maison de santé de M. le docteur Desguerrois. — Bas-relief bien conservé, en pierre sculptée, avec armoiries, dans la maison de santé. Dessin de ce bas-relief, par Gaussen, au cabinet de M. Le

Brun-Dalbanne, et autre dessin à la plume, au cabinet de M. Finot. — Vitraux du commencement du xviie siècle, peints par Linard-Gonthier, de Troyes, provenant de l'hôtel de l'Arquebuse de cette ville, aujourd'hui à la Bibliothèque publique, dessinés et décrits dans P. A., chap. Vitraux, p. 6-10, publiés à cause de leur mérite. — Portrait de Louis XIII, peinture sur verre, tirée de l'Arquebuse, aujourd'hui à la Bibliothèque publique de la ville, gravé de même grandeur que l'original, xviie siècle, planche et texte par Arnaud, *Antiquités*, p. 7-8. — Consulter sur l'ancienne Arquebuse de Troyes, une Notice de M. Finot; A. A., 1858, p. 67-103, et Anfauvre, *Troyes et ses environs*, p. 187. — La Chartreuse de Troyes, fondée en 1315, transportée, en 1626, à l'extrémité du faubourg Croncels. Les bâtiments sont détruits, on ne voit plus aujourd'hui qu'une partie des murs d'enceinte et le petit étang du milieu. — Chapelle de Notre-Dame-de-l'Echerelle, vulgairement la Vierge de l'Echelle, placée d'abord à l'extrémité du faubourg Croncels, dans la petite rue de la Vierge descendant aux Trévois, puis transportée, au xviie siècle, sur le faubourg, en face du couvent des Chartreux. Sa longueur était de 8m 10 sur 4m 86 de largeur. Aujourd'hui détruite. L'emplacement est implanté d'une vigne et fermé d'une haie de vieux sureaux. Plusieurs statues ont décoré cette chapelle; une tête de *Mater dolorosa* fait partie d'un corps de cheminée; une autre tête, celle d'un *Ecce homo*, est conservée dans le cabinet de M. Julien Gréau. (Note fournie par M. Finot.) Figurée sur le plan de 1697 et sur celui de 1747. — Couvent de la Congrégation, fondé à Troyes au commencement du xviie siècle, dans la maison du collége de la Licorne, aujourd'hui la gendarmerie. Grand et beau chapiteau à feuilles de nénuphar, trouvé en terre lors de l'édification de l'hôtel de la Gendarmerie, et conservé au Musée de Troyes. — Dessin des armoiries des communautés religieuses de Troyes et des environs (21 blasons), avec Notice par M. Lucien Coutant. (A. A., 1857, p. 43.) — Hôtel-Dieu-le-Comte. Dessin avec couleurs de la belle grille en fer de l'Hôtel-Dieu, par M. Rampant, architecte à Troyes. — Consulter sur l'histoire de cette grille le savant Mémoire de M. Le Brun-Dalbanne, S. A., 1860, tom. 24, p. 567-598. Ce monument, remarquable comme ouvrage de serrurerie, mérite d'être signalé, quoique ne datant que du xviiie siècle. — Plusieurs vases funéraires dont deux sont au Musée de Troyes. La date de 1676 est grossièrement gravée sur l'un d'eux, trouvés en 1833 dans l'emplacement du cimetière de l'église Notre-Dame et Saint-Jacques-aux-Nonnains, en creusant les fondations de la Halle au blé actuelle. (S. A., 1840, tom. 10, p. 212-213.) — Fortifications. Voir, sur la Tour-Baleau ou Boileau, la Notice de M. Finot. (*Almanach de la Champagne*, 1861, p. 106-111.) — Plan manuscrit sur parchemin de l'enceinte fortifiée de la ville de Troyes au xve siècle, retouché au xvie. Ce plan, déposé aux archives de la ville, a servi de bases à celui qui a été publié par M. Corrard de Breban dans son Mémoire sur les diverses enceintes et sur les fortifications de la ville de Troyes. — Plan des fortifications de la ville de Troyes en 1540, avec texte explicatif. (Arnaud, *Antiquités*, p. 9-11.) — Plan des fortifications de la ville de Troyes sur parchemin et manuscrit, d'un format plus petit que le premier, et portant ces mots : *Pour faire voir au Roy estant à Sedan;* et daté de 1591. — Plan de la ville de Troyes, *capitalle* de la Champagne, dressé, en 1679, par Jouin de Rochefort, trésorier de France. Bibliot. imp. et cabinet de M. Léautez, de Troyes. Une copie de ce plan se trouve chez M. Boutiot, de Troyes. — Tableau peint en 1621, représentant la ville de Troyes du côté du midi, avec sa vieille porte de Croncels, ses bastions, ses machicoulis, ses ponts-levis et ses canons placés sur la Tour-Boileau, conservé au Musée de Troyes. — Troyes et ses monuments, lithog. d'après le tableau peint vers 1621. (V. A. d'Arnaud, p. 7-8.) — Une vue de l'ancienne porte de Croncels d'après une aquarelle de 1701, appartenant à M. J. Ray, et une notice de M. Finot. (A. A., 1861, p. 77.) — Une vue de la porte Saint-Jacques, avec notice. (Voir Arnaud, *Antiquités*, p. 1 et 11.) — Porte de Saint-Jacques à Troyes, publiée avec texte par les auteurs des Voyages pittoresques et romantiques dans l'ancienne France, Champagne. — Porte de Preize. Porte d'Auxerre. Deux dessins avec notice dans l'*Almanach de Troyes*, par Anfauvre, 1853, p. 98-102. — Murs d'enceinte de Troyes, vanne de Bruley, publiés avec notice par les auteurs des Voyages pittoresques et romantiques dans l'ancienne France, Champagne. — Quatre vues de l'ancien Troyes, Porte Saint-Jacques, Porte de Paris, vanne du pont de la Paix, vanne du pont de Brûley, gravées sur cuivre par Petit-Baltet, avec notice par M. Finot, de Troyes, in-4º. — Sur la porte de Comporté, anciennement porte de César, en dernier lieu porte de Preize; sur la porte de la Madeleine; sur la porte de Belfroy, depuis porte de Paris; sur la Tour-Baleau ou Boileau; sur le château de la Vicomté, xɪvᵉ siècle, consulter Arnaud, *Antiquités*, p. 13-16. — Sur les portes, enceintes, boulevards et faux-fossés, consulter Aufauvre, *Troyes et ses environs*, p. 216-220. — Inscription latine sur pierre encastrée dans le rempart entre les portes de Preize et de la Madeleine, portant la date de 1588; conservée au Musée de Troyes. — Vue du petit pont de la Paix, à Troyes. Dessin de M. Arnaud, lith. d'Engelman. — Vue de l'ancien Pont-de-la-Salle, à Troyes, avec notice par M. Corrard de Breban. (A. A., 1860, p. 94.) — Puits du xvɪᵉ siècle donné au Musée de Troyes par M. Ruinet. (Consulter la note et la planche de M. Fléchey, S. A., tom. 19, 1855, p. 167-169.) — Cheminée en pierre sculptée, provenant des bâtiments du couvent de l'Oratoire de Troyes, xvᵉ siècle. Conservée au Musée de Troyes. — Magnifique cheminée d'une maison rue Saint-Jacques, fin du xvɪᵉ siècle. (V. A., p. 238.) — Dessus de cheminée d'une maison de la rue des Chaudronniers, sculpture en pierre représentant un guerrier à cheval, avec l'inscription : *Dubia fortuna.* xvɪᵉ siècle. Conservé au Musée de Troyes. — Une planche portant pour légende : xvɪᵉ *siècle. Cheminées en pierre existant encore dans la ville de Troyes; nº 1, rue Saint-Jacques, nº 2, rue de Croncels,* dans *Les Arts au Moyen âge,* par Dusommerard. — Intérieur de cour d'une maison près le pont de La Salle, xvɪᵉ siècle. Lithographie destinée au Voyage archéologique. — Une vue des maisons de la Grande-Tannerie, démolies en 1853, d'après un dessin original du cabinet de M. Camusat de Vaugourdon. (A. A., 1855, p. 63.) — Maison du xvɪᵉ siècle avec tourelle, planche intitulée : la rue du Domino, publiée avec notice par les auteurs des Voyages pittoresques et romantiques dans l'ancienne France, Champagne. — La même sur une plus grande échelle, intitulée : rue Champeaux, à Troyes, publiée dans le même ouvrage. — Une vue des maisons de la rue de la Cité, démolies en 1840. (A. A., 1855, p. 79.) — La rue du Mortier-d'Or (hôtel de Marisy), publiée par les auteurs des Voyages pittoresques et romantiques dans l'ancienne France, Champagne. — Grillage d'une fenêtre de maison, rue du Marteau-d'Or (Mortier-d'Or), à Troyes. Dessin d'Adolphe Berty, gravé par Ribault. — Monument à la gloire du roy, dans l'Hostel de Ville de Troyes, gravure in-4º représentant le médaillon de Louis XIV, par Girardon. — Enseigne de pélerinage, en plomb, xvɪᵉ siècle, trouvé, en 1859, dans le bief des Moulins-Brûlés, conservée au Musée de Troyes. Consulter sur les enseignes civiles et religieuses, et en particulier sur celle-ci, le savant travail de M. l'abbé Coffinet dans S. A., 1859, tom. 23, p. 169-193, avec planche. — Deux plats en faïence, xvɪᵉ siècle, de 32 cent. de diamètre, sur 5 cent. de hauteur, trouvés, en 1856, lors du déblai des anciens remparts entre les portes de Croncels et de la Tannerie, déposés au Musée. (S. A., 1857, tom. 21, p. 421-422.) — Médaillon en bronze d'Urbain IV, né à Troyes, xvɪᵉ siècle, aujourd'hui perdu, mais dessiné et lithographié par Vigneron, et reproduit dans V. A., p. 233. — Diverses sculptures sur bois qui ornaient la façade de la maison située au coin de la rue du Cloître-Saint-Etienne. Conservées au Musée de Troyes. — Poire à poudre en ivoire, xvɪᵉ siècle, au Musée de Troyes. (Publiée dans le P. A., chapitre Sculptures sur bois et sur ivoire, p. 12.) — Portrait peint sur verre et tombe de Jacques Juliot, sculpteur, xvɪᵉ siècle. Planche et texte par Arnaud, *Antiquités*, p. 5. — Une auge en pierre, servant de *lavabo,* provenant de l'abbaye de Saint-Loup. Elle porte les armes de Forjot de Plancy, abbé de Saint-Loup, xvɪᵉ siècle. Conservée au Musée de Troyes. — Bas-relief en marbre blanc, sculpté par Girardon, représentant une scène d'inhumation, et provenant du mausolée de Mᵐᵉ de Lamoignon, à Saint-Leu. Conservé au Musée de Troyes. — Petite pièce d'artillerie en bronze, aux armes de la ville de Troyes, parfaitement conservée, portant de longueur 26 centimètres, à l'orifice 5, à la culasse 11, trouvée, en 1854, dans le rempart, près de la porte de Preize. Conservée au Musée de Troyes. (S. A., 1855, tom. 19, p. 109.) — Aux Archives Départementales, chartes et collections, concernant la société féodale, les monuments, etc. Le plus ancien registre de papier de chiffon qui existe en France, datant de 1309. Il vient de l'abbaye de Montiéramey. — Fragment d'une charte ornée de peinture. (P. A., Peintures diverses, p. 7.) — Miniature d'un livre de chœur, du XVIᵉ siècle. (P. A., peintures diverses, p. 2.) — Bibliothèque publique de la ville de Troyes : 100,000 imprimés et 3,000 manuscrits. Le Catalogue manuscrit est en 7 vol. in-fol. avec suppl. Nombreux ouvrages imprimés au XVᵉ et au XVIᵉ siècle, incunables et éditions princeps : *Heures a lusaige de Troyes*, imprimé à Troyes en 1511, sur peau de vélin, orné de 26 miniatures et de 663 lettres peintes et dorées, le plus curieux spécimen de l'art typographique à Troyes. La bibliothèque de Troyes se distingue par le mérite de ses éditions et la beauté de ses reliures; fonds de Clairvaux ; fonds du président Bouhier. Plus de 2,000 manuscrits du moyen âge et de l'époque moderne, depuis le VIᵉ siècle jusqu'au XVIᵉ inclus : *Pastoral de Saint-Grégoire,* en lettres onciales, du VIᵉ siècle; *Bible de Saint-Bernard,* beau XIIᵉ siècle ; *Psautier* du prince Henri, troisième fils du roi Louis-le-Gros, le plus magnifique spécimen de la calligraphie au XIIᵉ siècle; *Missel de Troyes,* beau XIVᵉ siècle, avec miniatures et encadrements, or et couleurs. Catalogue imprimé formant le premier volume du *Catalogue général des manuscrits des bibliothèques publiques des départements.* Collection de portraits gravés, lithographiés et dessinés, de personnages intéressant l'histoire de la Champagne. Collection de livres concernant l'histoire du département et de l'ancienne province de Champagne. (Consulter sur la bibliothèque de Troyes la *Notice* de M. Harmand, S. A., tom. 11, 1843, p. 185, et A. A., 1846, p. 50.) — Miniatures des Xᵉ, XIᵉ, XIIᵉ siècles, extraites des manuscrits de la Bibliothèque publique de Troyes. Publiées dans le P. A., chap. Peintures diverses, p. 54-56. — Musée de la ville de Troyes : Peinture (tableaux, émaux et vitraux), Sculpture ancienne et moderne, Archéologie, Médailles, collection de clefs antiques du moyen âge et variées de formes, Conservatoire industriel, Collection ethnographique, Zoologie, Botanique et Minéralogie. L'œuvre de Simart presque complète en marbre ou en plâtre. Catalogue imprimé. Consulter sur l'œuvre de Simart l'ouvrage de M. Eyriès, S. A., 1860, p. 1, avec planche représentant le bas-relief de Pandore. — Archives hospitalières transportées aux Archives Départementales. — Archives municipales de Troyes, composées de plus de 100,000 pièces et de 1,700 registres, le tout renfermé dans l'ancien trésor voûté et construit *ad hoc* dans l'Hôtel-de-Ville. Ces archives renferment : 1º des documents originaux concernant l'affranchissement des habitants et l'organisation, au XIIIᵉ siècle, de l'administration de la cité; 2º des pièces importantes relatives à la guerre des Anglais, à la lutte de Louis XI contre Charles-le-Téméraire, des lettres de ce roi et une lettre signée par Olivier-le-Daim; 3º des documents nombreux sur les troubles civils et religieux du XVIᵉ siècle; 4º une correspondance volumineuse des différents membres de la famille de Guise, de 1527 à 1594 ; 5º un registre des délibérations du Conseil de ville du 22 septembre 1420 au mois de septembre 1434, époque qui suivit sa soumission à Charles VII ; 6º les registres des délibérations de l'échevinage, presque sans lacune, depuis l'année 1499 jusqu'en 1790; 7º des comptes des deniers de sa voirie, des deniers communs, des rôles de tailles, de levées, de deniers et d'impôts, de l'administration de la Maladrerie-des-Deux-Eaux, depuis les premières années du XVᵉ siècle, de l'aumône générale, de la Ligue, etc., pendant le XVIᵉ siècle. Ces archives, pour une partie, ont été classées, vers 1768, par M. Delion, qui a dressé deux volumes in-fº d'un inventaire détaillé, et, de 1853 à janvier 1858, par M. Boutiot, qui a dressé quatre volumes aussi in-fº d'un inventaire sommaire de la partie la plus considérable. (Ce dernier travail accueilli favorablement par M. le Ministre de l'intérieur.) Les archives municipales renfermaient un Mystère de la Passion dont l'auteur serait Pierre Desrey. Ce mystère, divisé en trois journées et contenu en trois volumes, est aujourd'hui déposé à la Bibliothèque publique. (Voir *Recherches sur le Théâtre à Troyes au XVᵉ siècle,* par M. Boutiot, 1854, Troyes ; *Notice sur la navigation de la Seine et de la Barse,* 1856, par le même ; *Rapport à M. le Ministre de l'intérieur sur les archives municipales de Troyes,* 1858, par le même; *Recherches sur les anciennes Pestes de Troyes,* 1858, par le même; *Les Lettres Missives* (41) *de*

Henri IV, conservées dans les archives municipales de Troyes, 1857, publiées par le même, avec une introduction ; *Guerre des Anglais : un Chapitre de l'histoire de Troyes*, 1429-1435, par le même, 1861.) — Collection de livres de MM. Carteron, Harmand, Corrard de Breban, Camusat de Vaugourdon, Jules Ray, Socard, Finot, Le Brun-Dalbanne et l'abbé Coffinet, se rapportant exclusivement à l'histoire locale. Celle de M. l'abbé Coffinet se distingue surtout par des chartes originales de l'évêque Hervée, fondateur de la cathédrale de Troyes, du pape Urbain IV, du roi Charles V et de plusieurs évêques de Troyes du XIIIe au XVIe siècle, toutes munies de leurs sceaux, et intéressant l'histoire locale ; par des manuscrits sur vélin du XIVe, XVe et XVIe siècles, tels que livres d'heures, avec vignettes et encadrements or et couleur, à l'usage de Troyes, *secundum usum trecensem*, 1388 ; délibérations du chapitre de l'église de Troyes, de 1444 à 1569 ; Pouillé du diocèse de Troyes, XVIe siècle ; par des missels, rituels, statuts diocésains et livres de prières, beaux spécimens de l'imprimerie à Troyes au commencement du XVIe siècle ; par des blasons coloriés des évêques de Troyes, depuis 914 jusqu'à nos jours, d'après des vitraux, des manuscrits et des actes épiscopaux, formant album ; par des planches gravées sur cuivre des ouvrages de Nicolas Angenoust, de Troyes, 1629. — Dictionnaire biographique et bibliographique manuscrit du département de l'Aube, par MM. Emile Socard et Jules Ray. — Cabinet de M. Finot. Lame d'épée portant gravée la date de 1414 sur les deux plats. Deux hallebardes dont l'une, en forme de trident, ayant la dent du milieu trois fois plus longue, appartenant au moyen âge, et l'autre, datant du règne de Henri II, appartient à l'époque moderne. — Collection de M. Chalmel. Faïences italiennes et françaises ; grès de Flandre. — Collection de M. Valtat, de Troyes, contenant une quantité d'objets appartenant à l'époque celtique, romaine, au moyen âge et à l'époque moderne, dans le genre civil et religieux, tels que poteries, statuettes en cuivre, statues en bois et en pierre, crucifix, émaux byzantins, épis, chapiteaux, pièces céramiques et autres morceaux d'archéologie. Cabinet important, où l'on remarque surtout une crosse du XIIe siècle, en bronze doré, ciselé et émaillé, portant dans son ornementation les cotices contrepotencées ; un Christ byzantin en cuivre doré, ciselé et émaillé, de 24^c de hauteur, la croix comprise ; et un bassin de cuivre rouge, de 23^c de diamètre, gravé et émaillé, fond d'azur, au bord orné d'une dentelure dorée et émaillée de bleu, au fond rempli de dessins représentant des combats d'hommes et d'animaux, un des plus curieux spécimens du genre.

ERRATA.

Le hameau détruit d'*Aubeterre* doit être à Faux-Villacerf au lieu d'être à Villadin.

Le pont *Boudelin* appartient au territoire de Fontaine et de Bayel au lieu de faire partie de celui de Bar-sur-Aube.

ÉPILOGUE.

Ici se termine la tâche que nous avons entreprise. Ce ne sont pas les documents qui nous manquent pour la continuer; de tous les côtés ils nous arrivent en foule sous forme de communications bénévoles que nous n'avons pas provoquées, et dès aujourd'hui nous serions en mesure de commencer un second *Supplément*, si la fatigue et la satiété ne nous engageaient à nous arrêter dans ce travail aride.

Parmi les documents qui nous ont été envoyés à la dernière heure, quelques-uns seulement ont pu être utilisés; les autres, arrivés trop tard, resteront entre nos mains, comme un précieux témoignage de sympathie et un gage non équivoque de l'intérêt porté à notre travail. De plus, ils nous prouvent que nous avions raison de faire notre *Supplément* et qu'une continuation est encore possible.

En effet, un vaste champ reste encore à parcourir; une ample moisson attend encore des ouvriers. Parmi les questions que nous avons peu étudiées, il faut ranger celles qui concernent l'emplacement des pays détruits ou déplacés, les chapelles isolées, les fontaines consacrées par d'anciennes superstitions ou par de pieux pèlerinages, les croix en pierre sculptée, les tombes sculptées ou ornementées, les anciens tissus, les mobiliers des églises, les moulins nombreux dans notre département, et dont nous n'avons cité, pour ainsi dire, que ceux de Troyes au nombre de dix-neuf, tant supprimés qu'existants, etc., etc. Il faudrait bien des loisirs à celui qui voudrait seulement rechercher les objets anciens dispersés dans les sacristies, dans les presbytères, dans les clochers, dans les caveaux des églises. Il faudrait aussi que de nouveaux fonds alloués par M. le Ministre vinssent indemniser la personne qui consentirait à parcourir le département, comme ils ont déjà indemnisé celle à laquelle nous succédons dans ce travail, mais sans avoir reçu aucune mission officielle.

Est-il besoin de dire que si quelques petites inexactitudes se sont glissées dans la publication que nous offrons ici, il faut s'en prendre à la rapidité avec laquelle nous devions marcher pour ne pas perdre le bénéfice de l'actualité à l'apparition du

Répertoire archéologique. Nous n'avons consacré que quelques mois à notre travail ; on comprend que nous n'avons pas tout vu, tout parcouru ; mais nous pouvons, en général, invoquer le témoignage de personnes aussi compétentes que peut l'exiger M. le Ministre. Faut-il absolument revenir de Pékin pour affirmer que Pékin existe ?

Pendant la publication des articles de notre *Supplément*, qui se sont succédé dans le journal *l'Aube*, les attaques de M. d'Arbois de Jubainville ne nous ont pas été ménagées. Les injures, ces raisons de ceux qui n'en ont pas, ont plu abondamment sur notre tête. Nous les avons laissées couler, ne nous arrêtant que sur les points sérieux, vraiment dignes d'examen. M. d'Arbois nous a porté le défi de nous corriger dans notre tirage à part ; ce défi nous ne l'acceptons pas. Sachant reconnaître que nous avions pu nous tromper quelquefois, nous avons mis à profit sa critique, lorsqu'elle était vraie, et nous n'en rougissons point. La science de notre honorable adversaire n'a jamais été pour nous une question, et quand elle était d'accord avec nos propres observations, nous l'avons accueillie en y faisant droit ; mais, heureusement pour nous, ce cas a été rare, très-rare. Nous remercions cependant M. d'Arbois des quatre ou cinq rectifications sérieuses qu'il nous a indiquées.

Puisque nous en sommes au chapitre de la gratitude, nous offrons ici nos remerciments les plus vifs aux personnes qui, de loin ou de près, nous ont donné spontanément leur concours : qu'elles soient assurées de notre profonde reconnaissance.

Maintenant nous laissons la parole à un de nos collègues et amis qui a bien voulu, dans la distribution de ce travail collectif, appuyer nos citations principales par de bons, sérieux et solides motifs, en raison de la connaissance particulière qu'il possède du département et des monuments archéologiques qu'il renferme. Il a dû en même temps répondre aux attaques multipliées de M. d'Arbois de Jubainville, et relever quelques-unes de ses erreurs, faire remarquer la nature de ses principales omissions, et signaler ses appréciations plus ou moins hasardées. Nos lecteurs jugeront de la force des arguments apportés contre nous par le savant archiviste de l'Aube.

Emile Socard.

RÉPONSE

AUX

ARTICLES PUBLIÉS PAR M. D'ARBOIS DE JUBAINVILLE

Dans le Journal LE NAPOLÉONIEN

et

EXAMEN DE SON RÉPERTOIRE ARCHÉOLOGIQUE

DU DÉPARTEMENT DE L'AUBE.

I.

Enfin, M. Socard a fini sa *Revue critique* servant de supplément au travail de M. d'Arbois de Jubainville, et M. d'Arbois, auteur du *Répertoire archéologique*, a répondu à M. le Rédacteur du journal *l'Aube*. Aujourd'hui nous venons clore, nous l'espérons, cette discussion qui, il faut le reconnaître, s'est maintenue à un diapason peu ordinaire, dans notre contrée, entre gens de lettres ou hommes de science.

Le public peu nombreux, qui s'occupe d'archéologie, a pu apprécier le travail principal et le travail supplémentaire. A l'avenir, nous l'espérons, il joindra à l'œuvre principale celle de M. Socard, puisque celle-ci augmente, dans une proportion considérable, le nombre *d'articles* renfermés dans celle de M. d'Arbois, et nous pouvons dire que l'une complète l'autre, *et vice versâ*.

Pas plus que M. le Rédacteur de *l'Aube* je ne puis produire de diplôme en archéologie. Cette formalité ne m'a point paru de rigueur pour examiner le nouvel ouvrage de M. d'Arbois. Aussi, malgré ce défaut de titres, ai-je passé outre. L'étude, et ici je n'entends pas celle qui ne s'acquiert que sur les bancs des écoles, l'observation surtout, mais l'observation dégagée de toute idée préconçue, de tout système arrêté à l'avance, est, à mes yeux, le guide le plus sûr pour reconnaître la valeur, l'époque, la nature des édifices et des objets qui peuvent être compris dans un Répertoire d'archéologie du département de l'Aube. A cette étude si intéressante qui, par les monuments, nous révèle les mœurs, les coutumes, les habitudes de nos premiers aïeux, et nous conserve le souvenir de faits historiques, je n'ai consacré que les très-rares moments de loisirs laissés à ma disposition par des travaux d'une tout autre nature.

Si je me permets, à mon tour, d'apprécier le savant travail de M. l'archiviste de l'Aube, c'est que, livré à la publicité, ce travail appartient à tous, et tous ont le droit de faire connaître les réflexions que la lecture de cette œuvre peut suggérer; c'est qu'il est permis à tous et, dans le cas actuel, surtout à un habitant du département de l'Aube, de juger un ouvrage spécial à ce département.

Une simple lecture du *Répertoire archéologique* m'avait suffi pour remarquer l'absence d'indication d'un grand nombre d'objets, de monuments, *d'articles*, en un mot, qui auraient dû trouver place dans cet inventaire. Pour avoir de la valeur sur les lieux où il a été dressé, et pour prendre un rang honorable parmi ceux qui se préparent dans tout l'Empire, cet inventaire avait besoin d'être aussi complet qu'il est raisonnable de le désirer.

Des recherches, qui même n'ont pu avoir une bien longue durée, ont permis de signaler à l'étude un nombre considérable de monuments, d'objets essentiellement archéologiques que M. d'Arbois a laissés dans un trop complet oubli. Il en est de premier ordre. Il est des catégories entières d'objets ou d'édifices que M. d'Arbois n'a pas comprises dans son travail, et qui offrent un intérêt bien plus marqué que la généralité de nos églises rurales; lesquelles, pourtant, bien plus que dans le midi de la France, méritent une mention spéciale.

Nous ne rappellerons pas ici la longue nomenclature dressée par les soins de M. Socard et de ses collaborateurs. Pour juger de l'intérêt, du nombre et de la valeur des omissions, nous renvoyons les lecteurs à la table dressée par ordre de matières.

Si nous nous occupons de l'une de ses œuvres, que M. d'Arbois veuille bien se convaincre que ce n'est pas pour prendre le rôle d'Aristarque — car il faudrait pour cela qu'il fût Homère ou Pindare — ni même celui de Zoïle — car nous ne convoitons pas ce qu'un autre peut posséder. Nous ne sommes et ne voulons être qu'un lecteur attentif d'une œuvre appartenant, par son sujet, à nos contrées. C'est en cette seule qualité que nous soumettons à nos concitoyens le fruit de nos observations.

II.

Le travail de supplément et de critique que nous allons clore était commencé, lorsque nous apprîmes qu'une très-honorable récompense était accordée à la Société Académique de l'Aube, comme ayant le mieux mérité des sociétés savantes de l'Empire pour son travail d'archéologie, et à M. d'Arbois, comme auteur du travail couronné. Qu'on ne se méprenne point sur notre pensée. Nous laissons à l'œuvre de M. d'Arbois toute sa valeur aux yeux de M. le Ministre de l'instruction publique et des membres de la Commission chargée de désigner le lauréat à S. E. ; car MM. les membres de cette Commission ne pouvaient, pour arrêter leur choix, venir sur les lieux afin de reconnaître, par eux-mêmes, si le travail renfermait l'indication de tous les objets de nature à y être compris, ou si des indications étaient erronées. Une récompense ne serait jamais décernée, si les honorables savants, chargés de désigner les lauréats, avaient en même temps la mission de se livrer à de semblables investigations. Et, comme le dit M. le Ministre, le programme étant rempli, le prix était acquis à celui qui avait achevé la tâche fixée par ce guide officiel. Mais pour les hommes qui vivent sur les lieux, qui, chaque jour, sont appelés à voir les objets dont l'inventaire est demandé par toute la France et pour toute la France, si faibles que soient leurs connaissances en archéologie, le travail de M. d'Arbois est-il complet? On a vu que non, puisque nous avons augmenté considérablement le nombre des *articles* qui se rattachent à l'étude confiée à M. d'Arbois. Nous verrons plus loin si la critique eût rempli son rôle en se renfermant dans cette limite.

Cela dit, abordons notre sujet, en citant du programme ministériel ce qu'il importe d'en faire connaître en ce moment.

III.

« Cet ouvrage » (le *Répertoire archéologique de la France*), « comme le titre l'indique, ce sera le répertoire des monuments » de tous genres et de tous âges, disséminés dans toutes les

» parties de l'Empire ; en un mot ce livre sera un guide, à la fois
» pratique et scientifique, de l'archéologue en France.

» .... Il ne s'agit pas de rédiger des descriptions minutieuses
» de tous les monuments répandus sur toute la surface de la
» France, mais bien de composer un guide archéologique qui
» fasse connaître l'existence des monuments de chaque localité,
» en renvoyant aux ouvrages spéciaux où ces monuments sont
» décrits plus amplement.

» C'est là, en effet, le but que les rédacteurs de cet ouvrage
» devront s'efforcer d'atteindre. Le plan peut être exposé en peu
» de mots : Sous chaque nom de lieu, le lecteur trouvera l'in-
» dication sommaire, mais précise, des monuments de toutes
» classes de l'antiquité, du moyen-âge, *de la Renaissance et des*
» *temps postérieurs qui s'y trouvent aujourd'hui ou dont il*
» *existe des traces, soit dans les livres, soit dans les estampes.*

» .... La concision de chacun des articles n'ira pas jusqu'à
» faire négliger les renseignements importants.

» Chacun des articles sera terminé par des citations bibliogra-
» phiques, c'est-à-dire qu'on y donnera l'indication des ouvrages
» dans lesquels ces monuments seraient décrits *in extenso* et
» surtout figurés. A l'égard des livres rares, ainsi que des ma-
» nuscrits ou chartes, il serait utile d'ajouter la désignation des
» dépôts publics ou particuliers dans lesquels ils se trouveraient
» aujourd'hui. On n'omettrait pas, toutes les fois que faire se
» pourrait, la désignation des tableaux, des estampes et *même*
» *des lithographies* offrant des représentations fidèles des mo-
» numents existants *ou même disparus.*

» La collection topographique du département des estampes
» à la Bibliothèque impériale, sera consultée utilement. On y
» trouve des estampes et même des dessins de monuments qu'on
» chercherait vainement ailleurs.

» Il est difficile de déterminer l'époque à laquelle finissent ce
» que nous appelons la Renaissance et les temps postérieurs ; tou-
» tefois, la Commission a pensé qu'en général il conviendrait de
» s'arrêter au règne de Henri IV. A partir de cette époque, on
» ne mentionnerait plus que les monuments et curiosités de
» haute importance. Les collaborateurs de l'ouvrage, correspon-
» dants ou membres des sociétés savantes, sauront bien faire
» un choix, de plus en plus sévère, à mesure qu'on se rappro-
» chera de l'époque contemporaine.

» *Les monuments ou objets d'art célèbres et déjà décrits dans*

» des ouvrages dignes de confiance pourront et devront occuper
» moins d'espace que d'autres qui, peut-être moins importants,
» seraient pour la première fois signalés à l'attention publique ;
» ainsi telle chapelle ignorée, telle église de village, négligée
» jusqu'à ce jour, devra être décrite avec plus de détails que
» telle cathédrale sur laquelle il existe des ouvrages auxquels
» on peut renvoyer le lecteur. »

Puis suit la nomenclature dressée pour faire mieux comprendre le plan de l'ouvrage et divisée en trois parties : 1° l'époque celtique ; 2° l'époque romaine ; 3° le moyen-âge, la renaissance *et les temps postérieurs.*

Les inscriptions, quelle qu'en soit la date, doivent être indiquées, sans en rapporter le texte.

Le surplus de ce remarquable et très-vaste programme, signé par M. Chabouillet, secrétaire de la section d'archéologie au comité des travaux historiques attaché au ministère de l'Instruction publique, sera rapporté plus loin où il trouvera plus utilement sa place.

Nous ferons observer tout de suite que, contrairement à ce qu'a prétendu M. d'Arbois dans sa discussion, les temps postérieurs à la Renaissance, c'est-à-dire à la fin du XVIe siècle, ne doivent pas être exclus de l'inventaire demandé par M. le Ministre, alors que des objets, des édifices, sont reconnus dignes de l'attention publique.

Quant aux sources, on peut remarquer qu'elles ne sont qu'indiquées, mais non pas limitées, et les notes bibliographiques doivent donner l'indication des ouvrages dans lesquels les monuments seraient décrits *in extenso* et surtout figurés.

IV.

Ce programme, M. d'Arbois, l'avez-vous rempli pour un habitant du département de l'Aube ? Nous ne le croyons pas. C'est ce que, en dehors de la nomenclature qui a été donnée, nous allons examiner.

Mais avant d'aborder votre travail principal, rappelons, en passant, l'un des reproches que M. le rédacteur du journal *l'Aube* vous a adressé, ainsi que vos réponses contenues dans plusieurs numéros du *Napoléonien*. Nous pourrions, sans doute, invoquer d'autres preuves que votre silence à la question qu'incidemment il vous a posée et que vous n'avez pas résolue. M. Socard vous a dit que, rapporteur au nom d'une Commission, vous n'aviez point soumis votre travail aux membres de cette commission déléguée de la compagnie entière.

Vous n'avez pas répondu à cette remarque que peut-être vous avez trouvée indiscrète, et qui pourtant ne manque pas d'à-propos. Vous dites bien que la Commission d'archéologie de la Société Académique vous avait choisi comme rapporteur (1). Vous avez été nommé rapporteur, c'est honorable toujours, profitable quelquefois; mais le rapporteur, dans tous les corps délibérants, a un devoir à remplir : celui de faire connaître à ceux dont il a reçu son mandat le résultat de son travail, de se soumettre à leur approbation, même à leur critique ; et alors, revu, corrigé et dans la circonstance augmenté, ce travail est communiqué par le rapporteur à la Compagnie entière. Celle-ci l'adopte comme sien et le fait parvenir à qui de droit, tout en conservant au rapporteur l'honneur de son travail. Cette déférence, toujours due à des collègues, que le public au moins supposera compétents, est un devoir que vous paraissez avoir négligé. Le fait est grave pour vous d'abord, ensuite pour les études archéologiques dans le département. Pour vous surtout, le fait est grave ; car bien que, dans le titre, vous ayez annoncé que votre travail était rédigé sous les auspices de la *Société d'Agriculture, Sciences et Belles-Lettres* (vous avez supprimé d'un trait de plume la section des Arts qui pourra bien réclamer contre cet oubli), il n'en serait pas moins vrai que vous resterez le seul auteur responsable de ce travail. Comme l'indique le titre que vous avez choisi, et comme nous le verrons plus loin, vous étiez, d'après le programme ministériel, dans l'obligation de nommer vos collaborateurs. N'en ayant aucun, vous étiez dispensé de cette peine et vous ne l'avez pas prise. Vous avez eu raison. Par votre silence, vous avez rendu un éclatant hommage à la vérité.

Nous avons dit que le fait est grave et très-grave pour vous; et si vous ne l'avez pas compris ainsi, daignez me lire. Si vous

---

(1) Cette Commission, nommée dans la séance du 20 mai 1859, était composée de dix membres : MM. Corrard de Bréban, Uhrich, d'Arbois de Jubainville, Bouliot, Legrand, Harmand, l'abbé Coffinet, Le Brun, Gréau et Camusat de Vaugourdon. La Société Académique de l'Aube avait décidé en outre « qu'un extrait de la circulaire et du programme serait inséré dans les journaux de la localité, *afin d'éveiller sur ce point l'attention publique et de provoquer les renseignements.*

aviez rempli les premiers devoirs d'un rapporteur, il n'est pas douteux que votre travail n'eût été plus complet. Vos collègues n'auraient pas hésité à vous soumettre leurs observations et et même leurs critiques. C'était leur devoir. Il est certain que le nombre des articles signalés eût été considérablement augmenté. Alors M. le rédacteur de *l'Aube*, qui, vous l'avez reconnu, est fort instruit en bibliographie locale, n'aurait certainement pas eu l'idée de fouiller ses nombreuses notes bibliographiques, et de dresser, avec l'aide de quelques amis, un supplément qui, peut-être, a pu vous causer quelques insomnies. L'accomplissement d'un devoir vous aurait rendu dans la circonstance un éminent service, puisqu'il vous aurait permis de faire une œuvre durable et complète, et cette œuvre eût été mise hors de critique dans la presse. Votre œuvre fût-elle restée ce qu'elle est, vous auriez partagé avec vos collègues la responsabilité d'un travail insuffisant; votre œuvre eût-elle été complétée, votre qualité de rapporteur vous donnait le droit de recueillir du public des approbations toujours flatteuses, lorsqu'on les entend bourdonner à ses oreilles, et qui doublent la valeur des témoignages de satisfaction de toutes sortes que l'autorité accorde à ceux qu'elle en juge dignes. Convenez-en, cette approbation du public donne des reflets plus brillants à l'éclat de la médaille ministérielle.

J'oserai donc vous dire, monsieur, puisque nous connaissons votre goût pour les proverbes et les apologues :

Un devoir accompli trouve toujours sa récompense.

Si vous avez répondu aux désirs du programme officiel, avez-vous rempli votre mission envers le département? car il ne faut pas l'oublier, un département ne peut se déclarer satisfait, si la personne, chargée de ce devoir, ne met au jour toutes les richesses qu'il possède. C'était là, monsieur, un devoir qui vous incombait. Peut-être n'avez-vous pas compris qu'il y avait lieu de donner à votre travail cette proportion. Et pourtant le département, appelé par votre savante étude à soutenir la comparaison de ses richesses archéologiques avec les autres départements, a le droit de vous dire : Vous n'avez pas été complet, votre mission est restée inachevée, puisque vous avez dérobé à l'étude, aux amateurs en archéologie, la connaissance d'objets, de monuments, d'édifices dignes de l'attention publique, et qui peuvent être mis en comparaison avec leurs semblables, appartenant à des contrées éloignées ou voisines.

V.

M. Socard vous a fait remarquer que « vous pensiez que votre
» qualité d'étranger, fortifiée de votre titre d'ancien élève à l'É-
» cole des Chartes, vous suffisait pour mener à bien l'entre-
» prise. » Il paraîtrait que M. Socard avait de sérieux motifs
pour vous rappeler ces deux qualités.

Vous lui avez répondu (*Napoléonien* des 23 et 24 octobre
1861) que « vous habitiez le département depuis dix ans et que
» vous vous étiez transporté au moins une fois, tantôt en voi-
» ture, tantôt, et le plus souvent, à pied, dans chacune des
» quatre cent quarante-six communes du département. »

Votre réponse nous confirme dans l'idée où nous étions que
vous aviez dû vous rendre dans chacune des communes du
département. Ici nous vous croyons sur parole. Mais vous n'osez pas dire que vous avez tout vu ni tout su. C'eût été, en effet, trop hasardé comme vous pouvez aujourd'hui vous en
rendre compte, et nous nous empressons de reconnaitre que
vous ne prétendez pas avoir tout dit et ne vous être jamais
trompé. Convenez-en, cet aveu a dû vous être pénible. Un
homme de votre mérite et de votre science ne fait pas de bon
cœur un pareil aveu en public et sur la critique de personnes
que vous tenez en si faible considération scientifique. Mais en
présence du mode suivi par M. Socard pour appuyer et développer son prologue, vous ne pouviez mieux faire. Il fallait reconnaître que si vous aviez parcouru tout le département, vous
n'aviez pas tout vu, vous n'aviez pas tout su.

En passant, permettez-nous de rappeler à votre souvenir que
vos premières notes datent de 1855, et que votre *bon à tirer*
des dernières feuilles du *Répertoire* date de la fin d'octobre
1860. Vous avez donc travaillé cinq ans à votre *Répertoire*.
Quant à nous, nous nous sommes recueillis moins de trois
mois. S'il y a eu précipitation dans le travail, nous ne saurions
dire de quel côté elle se trouve.

Continuons, s'il vous plaît, l'examen de vos articles du *Napoléonien*.

M. Socard a relevé votre mention relative à une voie romaine,
à Lusigny, connue, dites-vous, sous le nom de *Route de Bar-*

sur-Aube à *Arcis-sur-Aube*. Il vous a dit que, ces deux villes étant situées sur l'Aube, il était plus court, plus commode et beaucoup plus facile, pour se rendre de l'une à l'autre, de suivre le cours de cette rivière, coulant sur un terrain solide que de s'éloigner de la ligne droite pour s'engager dans les boues des environs de Lusigny, si proverbiales dans notre contrée. Vous lui répliquez vivement et magistralement — quoique vous eussiez pris, par la forme de votre réplique, la place de l'élève, — et voici votre réponse digne d'être conservée. Je doute qu'elle justifie votre savoir dans la géographie ancienne comme dans la géographie moderne de notre département. Vous répondez : « Parce que j'ai vu cette voie à Larivour » (j'aimerais mieux *La Rivour*), « et que je l'ai suivie, *même à pied*, dans une grande
» partie de son parcours hors du finage de Lusigny, depuis son
» entrée dans le département à Fontette jusqu'à la vallée de la
» Barbuise où j'ai perdu sa trace. »

Votre réponse, M. d'Arbois, mériterait un bon *pensum :* Vous avez apporté ce mot dans la discussion, permettez-nous de l'employer. Votre mémoire, lorsque vous écrivîtes cette réponse, ne vous a pas servi, et vous n'avez pas même songé à jeter l'œil sur la carte du département dont vous êtes le conservateur. Rappelez vos souvenirs, et veuillez nous dire si de Fontette à la rivière de la Barbuise, en passant par Lusigny et suivant une ligne à peu près droite par Magnant, Marolles, etc., vous avez rencontré Bar-sur-Aube ou Bar-sur-Seine?

Quoique je ne sois pas plus géographe à brevet qu'archéologue à diplôme, je puis vous dire, sans crainte d'être contredit, que vous n'avez pas avancé une naïveté, mais une impossibilité; car ce que vous avez dit a le même sens que si vous répondiez que pour aller de Paris à Troyes on passe par Dijon. Dites-nous, est-ce la direction qu'il faut suivre?

La réponse de M. Socard à l'égard de Targes-la-Cité a dû vous convaincre, et la lettre d'un ancien employé du cadastre, qui connaît le territoire de Poivre, et Courtalon, ont ici une autorité que le plus honorable des maires, au point de vue administratif, ne peut avoir en archéologie ; car on peut s'étonner, jusqu'à un certain point, que vous accordiez ici à un homme qui se livre habituellement aux travaux des champs, une confiance que vous refusez à Courtalon, dont le goût et les études dirigeaient les observations de ce côté de la science historique.

VI.

Ici, nous entrons dans le vif de la science archéologique. A l'article de Bar-sur-Aube, on vous signale l'abside de l'ancienne église de Sainte-Germaine, et vous avez bien compris ce que l'on a voulu vous indiquer. Je crois même que vous êtes allé au-delà en appelant « substructions » ce qui est au-dessus du sol. Si j'en crois la forme du mot, et si j'invoque l'autorité d'un dictionnaire d'architecture et d'archéologie religieuses, je trouve cette explication bien simple : Substruction : *Construction faite en dessous.*

Nous n'avons pas insinué que vous n'avez pas parlé de l'église Sainte-Germaine, mais nous avons complété votre indication certainement insuffisante ; et puisque vous avez fixé votre attention sur ce sujet, examinons votre mention. Nous la rapportons ; on jugera s'il y a de l'ordre dans les idées : « *Époque mo-* » *derne :* Chapelle Ste-Germaine ; c'est la plus ancienne église » de Bar-sur-Aube, mais l'édifice actuel est de construction ré- » cente. » Est-ce clair ? Nous ne le trouvons pas. Il n'y a pas d'ordre chronologique. Vous intitulez : *Époque moderne,* ce qui est évidemment du *moyen-âge,* puisque vous dites que cette église est la plus ancienne de Bar-sur-Aube, et que vous placez l'église de Saint-Pierre dans le paragraphe consacré au moyen-âge. Sans compter la mauvaise place que vous donnez à votre indication, votre phrase manque de précision.

Nous avons dit : « L'abside de l'ancienne église existe encore ; » elle forme deux culs-de-four. » Vous répondez, avec une assurance digne d'un meilleur sort, en disant : « J'ouvre Viollet Leduc, dictionnaire raisonné d'architecture, et je lis : « Cul- » de-Four : *Voûte en quart de cercle.* » Votre article sur Bergères indique aussi une abside en cul-de-four, et le dessin auquel vous renvoyez fait voir une abside et non une voûte ; et pour Voigny vous avez le soin de dire que la seule partie remarquable de l'église est l'abside *voûtée en cul-de-four*. Convenez que vous répondez grenier quand on vous parle cave ou tout au moins rez-de-chaussée, et ici vous faites une confusion qui vous réussit mal. On ne vous a point parlé de voûte, mais d'abside. Certes, si la voûte de cette double abside était encore en place, elle mériterait bien une mention spéciale ; mais nous n'en avons pas indiqué. N'équivoquez plus, nous vous en prions, même avec des archéologues sans brevet ni diplôme, car l'équivoque n'appartient pas au genre noble.

Vous avez cru, monsieur, devoir revenir dans une lettre datée de Bar-sur-Aube, et insérée dans le numéro du 19 octobre du journal *le Napoléonien*, non-seulement sur l'indication qui vous a été faite du pont Boudelin, mais encore sur l'église de Sainte-Germaine.

A l'égard de ce dernier édifice, rare spécimen dans notre département d'une forme d'abside depuis longtemps abandonnée, veuillez rappeler vos souvenirs, et dites-nous, s'il vous revient en mémoire une promenade matinale que vous fîtes dans le cours de l'été 1860, en compagnie d'un de vos collègues.... à la Société Académique de l'Aube. Vous souvient-il que, vous-même, vous lui indiquâtes la terrasse en double cul-de-four qui a pour base les restes des anciens murs de cette abside tant discutée, et qui, par son plan dans sa forme primitive, conserve le souvenir de cette ancienne église d'une paroisse disparue il y a plusieurs siècles.

Pour éveiller vos souvenirs, nous vous dirons encore : Vous souvenez-vous qu'en descendant la montagne, non par un chemin battu — chemin qu'il faut souvent quitter lorsque l'on fait la chasse aux vieux monuments — mais par un sentier fort escarpé, ce même collègue vous indiqua l'emplacement du châtelet que couvre aujourd'hui une plantation de sapins, et que là vous reconnûtes que vous ignoriez le lieu où s'élevait cet édifice du moyen-âge, dont le seul souvenir matériel est la motte qu'il dominait. — Rappelez donc vos souvenirs, nous vous en prions, et vous reconnaîtrez que loin de discuter alors, non la *voûte*, mais le *plan* de l'abside, c'est vous-même qui l'avez indiqué et indiqué avec juste raison.

Pour le pont Boudelin, nous avouons, sans peine comme sans regrets, que ce pont n'appartient pas au territoire de Bar-sur-Aube; mais vous reconnaîtrez avec nous que la limite de ce territoire est à deux ou trois cents mètres de ce pont, et ici l'erreur a moins de gravité que d'écrire à l'article de Villenauxe « qu'il existait, il y a quelques années, le portail roman de l'é- » glise abbatiale de Nesle-la-Reposte, publié par Mabillon, » quand cette abbaye est située dans un département voisin, celui de la Marne, et conserve encore aujourd'hui des ruines du plus haut intérêt (1). Ce que nous ne pouvons admettre, c'est que ce pont soit moderne. Nous vous prions encore, monsieur, d'en examiner l'appareil, et notamment ce bandeau plat qui contourne les arches, et qui dénote une origine antérieure, non pas seulement au xviiie, mais bien au xvie siècle.

Vous nous direz peut-être, à propos des preuves que nous allons vous donner, que ces preuves ne sont pas sous votre main. Nous en convenons, mais enfin nous les prenons où elles se trouvent. Nous avons vu récemment le pont de Cahors, curieux monument du xiiie siècle, type en son genre, et nous y avons remarqué ce bandeau plat, courant sur l'appareil qui détermine la forme de l'arche. Mais voici une autre preuve dont vous pouvez facilement vérifier la valeur. Si vous voulez bien prendre la peine de parcourir la route de Troyes à Bar-sur-Aube, vous y trouverez un grand nombre de ponts datant du xviiie siècle, y compris ceux de Saint-Jacques et de Saint-Parres, près Troyes. Veuillez comparer le mode de construction, la forme de l'appareil, celle des arches, tout l'ensemble de ces ponts d'une importance fort variée, avec les détails et l'ensemble du pont Boudelin, et dites-nous s'il existe entre ces ponts la moindre analogie, y compris même la largeur donnée à la voie, détail qui ne manque pas d'intérêt.

La légende attachée à ce pont devrait vous être déjà un sûr garant de l'ancienneté de cette construction, et nous croyons nous être conformé au programme en signalant sommairement cette légende. Mais nous verrons plus loin que l'indication des légendes attachées à certains édifices, à de vieux châteaux, à des fontaines, n'a pas su captiver votre attention plus que les ponts, même ceux qui comptent quinze arches et qu'on réparait à la fin du xvie siècle ou au commencement du xviie.

Vous blâmez qu'on ait relevé, dans votre savant travail, le défaut d'indication d'une hache découverte à Vendeuvre, et vous dites que M. Socard a connu cette trouvaille dans le volume de 1861 des *Mémoires* de la Société. Ici, monsieur, il n'y a pas d'équivoque, et vous faites une remarque contraire à la vérité. Relisez, et vous verrez : VENDEUVRE, *époq. celtiq. Hache en silex conservée au musée de Troyes.* Comme M. Socard, vous

---

(1) Il y a quelques années, on voyait bien à Villenauxe quelques pierres provenant de l'abbaye de Nesle, et achetées par un entrepreneur de maçonnerie ; mais il y a loin de là à un portail monumental.

pouviez voir cette hache au musée où elle est exposée depuis vingt-six ans. Ce fait prouve avec beaucoup d'autres que, parmi les sources auxquelles vous avez eu recours, vous n'avez pas jugé le Musée digne de votre visite, ni de vous donner d'utiles renseignements. Si vous avez fait cette visite, elle s'est accomplie avec une légèreté que vous regrettez sans doute.

VII.

Pardonnez-moi l'expression, vous avez une dent contre les almanachs, M. de Jubainville, pour les traiter avec cette superbe qui domine un peu trop toute votre discussion, et que ne mettent pas en pratique même les plus savants ! Que vous ont donc fait jusqu'à ce jour ces pauvres petits livres ou leurs éditeurs? Je ne sais vraiment. Ils semblent à vos yeux des gens et des livres d'une bien grande indignité. Mais veuillez suivre mon raisonnement, il sera court; et comme j'ai eu déjà l'honneur de vous le dire, vous aimez les proverbes, en voici un pour la circonstance :

On a souvent besoin d'un plus petit que soi.

Sans vous rappeler ici les almanachs de Troyes, publiés au XVIIIe siècle par Grosley et par Courtalon, qui forment les premières éditions de leurs bonnes, solides et loyales études, et dans lesquels il faut souvent aller puiser afin de connaître l'histoire et même l'archéologie de notre pays, croyez-moi, il y a quelquefois du bon dans un almanach, et permettez-moi de vous dire, puisque vous ne les jugez pas dignes de faire votre connaissance, que si la province et Paris ne publiaient jamais de plus mauvais ouvrages que l'*Almanach de la Champagne*, celui de *Bar-sur-Seine* et l'*Arcisien*, la commission de la librairie, attachée au ministère de l'intérieur, n'aurait que bien peu de choses à faire. Ces almanachs ont du bon, non-seulement en morale, mais encore en archéologie. Ils ont même un avantage sur beaucoup d'autres livres que nous pourrions citer; car ils sont publiés à grand nombre, et on les trouve dans les mains de plusieurs milliers de lecteurs. Mais je suis sûr que vous ne croyez pas encore à ce que je viens d'avancer. Eh bien! voici ma pensée. Je ne prétends pas que vous ajoutiez foi pleine et entière à ce que contiennent ces petits livres. La science se doit du respect à elle-même. Mais au moins les découvertes assez nombreuses de médailles, de monuments, d'objets quelconques se rattachant à l'archéologie, vous eussent été signalés par eux, et comme vous nous affirmez que vous vous êtes transporté dans les quatre cent quarante-six communes du département, à l'aide de vos lumières vous auriez pu contrôler si les petits livres avaient dit la vérité. Et alors, libre à vous de laisser l'honneur de la découverte à son auteur ou au petit livre.

Mais brisons sur ce point, et disons que M. Socard, en bibliophile consciencieux et connaissant son métier, a laissé à César ce qui appartient à César. A-t-il eu tort? Je ne le crois pas. Il a rendu justice aux humbles et vous les dédaignez, alors même qu'ils pouvaient vous être utiles. Sans aucun doute, si vous aviez consulté et vos collègues, et les collections du musée, et le catalogue de cet établissement, et même les almanachs que je viens de vous nommer, vous auriez pu éviter de fournir tant de colonnes au journal *l'Aube* et au *Napoléonien*.

Passons, si vous le permettez, à un autre chapitre; car nous aussi, si nous voulions tout dire!!!

VIII.

M. de Jubainville, rassurez-vous, M. le rédacteur de *l'Aube* et ses amis connaissent la valeur de l'œuvre à laquelle ils coopèrent, et leur imagination est moins fertile que la vôtre. Ils n'ambitionnent pas l'immortalité. Ils croient, en s'occupant de votre travail et en le complétant autant qu'il est en eux, en raison du peu de temps qu'ils peuvent consacrer à son examen, faire une œuvre non moins utile que celle que vous avez édifiée. C'est peut-être à vos yeux trop de prétention. En ceci, c'est leur conviction. Peut-être ne seront-ils pas seuls de leur avis. Ils n'ont qu'un but : rétablir les faits dans la vérité et faire connaître d'autres monuments, d'autres objets par vous négligés, et qui n'offrent pas moins d'intérêt pour l'étude que ceux sur lesquels vous avez jugé à propos d'appeler l'attention publique. Mais entre cette prétention et celle d'aspirer à l'immortalité, il y a tout un monde. Et permettez-moi de vous le dire : Si ce grand mot, que ne prononcent pas même ceux qui y ont le plus de droits, ne fût tombé de votre plume, vous ne l'auriez pas trouvé sous la nôtre; car il ne serait jamais venu à notre pensée. Si vos lecteurs, et même les nôtres, veulent bien vous mettre au rang des immortels, libre à eux de vous accorder cette insigne faveur, et à vous de vous en croire honoré.

Votre imagination vous égare, et lorsque vous lisez, comme lorsque vous voyagez, vous n'apportez pas une attention assez soutenue. Vous aviez lu que M. Socard agissait au nom d'une Commission de la Société Académique, et il a été obligé de se défendre d'un langage qu'il n'avait pas tenu. Vous dites que c'est dans un recueil qu'il a trouvé telle indication, et il a écrit qu'il avait vu l'objet dont il parle. Vous dites que le *carré d'Etrelles* a été considéré, par celui qui, le premier, l'a signalé à l'attention publique, comme un camp romain, tandis qu'il suppose que ce travail peut être un souvenir de la bataille de 451. Il n'y a qu'un carré, et vous préférez la désignation plurielle des *carrés*. Ah! que n'avez-vous lu l'*Arcisien*, vous n'auriez pas commis cette double erreur; car cet almanach est le seul livre qui contient *in extenso* la description de ce camp. Par ce motif, et selon le programme ministériel, il avait des droits à être cité par vous.

IX.

Après avoir pris, dans votre premier article publié dans le *Napoléonien* du 24 septembre, la forme un peu surannée du catéchisme; dans votre deuxième, vous écrivez sous la forme ordinaire d'un article de journal (*Nap.* du 26); ensuite, vous retournez dans votre troisième (*Nap.* du 3 octobre), à peu près à la forme du *Répertoire;* puis, dans le quatrième (*Nap.* du 19 octobre), vous donnez la préférence à la forme épistolaire. Si dans l'une et dans l'autre de ces réponses, le ton de la discussion reste toujours à la même élévation, on doit vous savoir gré d'avoir su en varier la forme; car,

L'ennui naquit un jour de l'uniformité.

Cela dit sur la forme, au fond examinons, si vous le permettez, ce que contient le numéro du *Napoléonien* du 3 octobre.

Dans cet article, sur trente-quatre communes où l'on vous signale des omissions et des rectifications, vous en relevez huit seulement. Vous acceptez donc les additions et les rectifications de M. Socard et de ses amis dans les vingt-six autres communes que vous avez dû examiner, et certes, vous vous gardez bien de relever que dans celles-ci il y a la commune de Verpillières, laquelle, sans doute, de votre propre autorité, vous placez dans la Côte-d'Or, ou que tout au moins votre précipitation vous a fait omettre. Nous arrêtons ici ce calcul comparatif. Mais, rassurez-vous, vous le trouverez complet un peu plus loin. Revenons au *Napoléonien* du 3 octobre, et disons tout de suite que nous ne pouvons accepter vos prétendues rectifications.

A Bar-sur-Seine, vous relevez trois faits seulement sur neuf qui sont cités, et parmi lesquels on compte des objets déposés au musée de Troyes, un prieuré situé à proximité de l'église, et le pont de Bar-sur-Seine composé de quinze arches, sans compter les fortifications de cette ville que vous auriez pu voir représentées en tête de l'*Histoire de Bar-sur-Seine*, par M. Lucien Coutant, d'après une ancienne gravure, et dont l'emplacement est est encore très-visible. A propos de votre article sur Bar-sur-Seine, et à l'occasion d'un reproche par vous adressé à M. Socard, il nous est permis de vous rappeler que dans cet article et dans d'autres encore (Beaufort, Brienne, etc.), vous avez fait autant d'histoire que d'archéologie.

A Fouchères, là aussi nous avons ajouté et surtout rectifié. Là, nous avons vu un pont que vous avez traversé et que vous n'avez point aperçu, et ce pont est un monument. Sans parler des événements de 1814 qui en firent couper les deux extrémités, ce pont compte un grand nombre d'arches et une arche marinière, souvenir de l'ancienne navigation de la Haute-Seine ; il date tout au moins du xvi° siècle, car il fut réparé par un homme dont nous allons bientôt nous occuper en vous parlant de son tombeau, par le prieur Elion d'Amoncourt, qui mourut en 1575.

Nous venons de vous faire un reproche qui trouverait son excuse dans la faiblesse de votre vue, si vous avez la vue courte. En voici un autre qui s'adresse au savant. Nous vous avons cité le tombeau d'Elion d'Amoncourt, morceau qui, par sa beauté, est unique dans notre département, et vous nous renvoyez à votre *Répertoire* en prétendant que vous l'avez signalé. Ici, comment qualifier cette réponse ? Nous ne la qualifierons pas. Nous laissons ce soin au lecteur ; seulement, permettez-nous de lui rappeler, et à vous aussi, que vous avez écrit : « *Débris d'une tombe.* » Nous vous renvoyons, à notre tour, à Fouchères ou seulement à la planche 3, page 24 du *Voyage archéologique* de M. Arnaud, pour y voir la reproduction très-fidèle, et non restaurée, de ce beau monument où l'artiste a laissé de brillants souvenirs du dessin si achevé du xvi⁰ siècle dans le plan comme dans les nombreuses arabesques qui ornent ce tombeau.

M. Arnaud, après l'avoir nommé avec vérité « chapelle sépul-
» crale, » dit : « c'est un ordre corinthien soutenu aux angles
» par deux pilastres ornés d'arabesques, surmonté d'un attique
» couronné par des palmettes. C'est un joli monument dont l'or-
» nementation est d'un goût exquis et d'une pureté d'exécution
» remarquable. »

Convenez, monsieur, de votre omission ; car si vous avez signalé un débris de tombe, cette désignation ne peut s'appliquer à ce tombeau, encore moins à cette chapelle sépulcrale.

Votre imagination, la folle du logis, vous entraîne : on vous parle d'une tombe sur laquelle on lisait le nom de *Pierre-le-Vénérable*, vous attribuez aussitôt ce débris de tombe au vénérable ami d'Abélard. Libre à vous, mais ce n'est pas ce qui a été dit, et cela n'était point dans notre pensée. L'établissement monastique de Jully (canton de Bar-sur-Seine) a eu son Pierre-le-Vénérable, homme moins connu que celui de Cluny, mais vénéré dans le lieu qu'il avait administré, et où ses cendres ont été déposées.

A Merrey, vous n'avez pas indiqué les objets que M. Socard y signale, et vous répliquez : « Cet autel est du xvii⁰ siècle. » Mais, monsieur, si l'œuvre présente de l'intérêt, et si j'en crois les expressions du programme, cette date n'est pas un motif d'exclusion. Les sculptures dont il s'agit sont assez bonnes pour qu'on les ait attribuées pendant longtemps à Girardon ; mais, si elles ne sont pas l'œuvre du maître, elles sont sorties du ciseau de l'un de ses bons élèves, de Thévenin, de Chaumont, et à ce titre elles ne déshonoreraient pas votre *Répertoire*.

A Chaource, vous consacrez un article assez long pour établir qu'il ne faut pas faire remonter au moyen-âge les fortifications de cette ville — c'est admis ; — mais vous vous taisez sur le surplus, et pour cause. Car dans cette petite ville vous n'avez pas vu ce que tout le monde y voit, notamment un groupe représentant la Trinité sous une forme qui, en public, est aussi unique dans notre département que celle qui est figurée dans le tableau de l'église de Saint-Pierre à Bar-sur-Aube, laissé aussi par vous dans un complet oubli ; de plus, dans cette petite ville, on voit encore des maisons et des *allours* que nous avons datés seulement des xiv⁰ et xv⁰ siècles, et dont quelques parties pourraient bien être antérieures.

Quant au *nota*, qui termine cette partie de votre discussion, nous le réservons pour y répondre un peu plus loin, et nous espérons satisfaire complètement votre légitime curiosité.

X.

Après avoir répondu aux observations que vous avez soumises aux lecteurs du *Napoléonien*, abordons le fond de votre savant travail, et voyons s'il ne pèche que par omission.

Nous ne reviendrons pas sur ce que nous avons dit plus haut à l'occasion de la voie romaine, nommée à Lusigny : *Voie de Bar-sur-Aube à Arcis-sur-Aube*. Mais nous vous réitérons notre prière de vouloir bien nous faire connaître votre étude complète sur cette voie, afin que nous puissions juger votre appréciation en connaissance de cause.

Nous croyons que vous auriez pu augmenter votre *Répertoire* de deux autres voies romaines.

La première est celle qui, sortant de *Pont-sur-Seine* en se confondant avec celle qui se dirige sur Troyes, descend la petite vallée du Bétro, traverse celle de la Vanne pour remonter celle de l'Ancre et se poursuivre sur *Pont-Belin* (canton de Chaource). Cette voie constitue un véritable trait d'union entre la Brie et la Bourgogne par le trajet le plus court, le terrain le plus solide, enfin par le tracé le plus naturel. Ce chemin a des caractères d'antiquité tout particuliers : c'est, dans la vallée de l'Ancre, son éloignement des centres habités ; c'est la direction sur deux endroits (Pont-sur-Seine et Pont-Belin), où se groupent en faisceau un certain nombre de voies romaines ; c'est qu'il est le trajet le plus court, le plus direct entre ces deux passages fort importants autrefois.

La seconde voie est celle qui, conduisant de Troyes à Joigny, est placée presqu'à égale distance des routes de Troyes à Sens et de Troyes à Auxerre. Certes! cette voie est celle qui, avec sa rectitude et ses pentes rapides, répond le mieux à certains caractères que l'on donnait naguères aux voies romaines. Cette route a été tracée sans se préoccuper des centres d'habitations voisins, et parmi ceux-ci il y en a d'anciens. Elle ne fléchit ni à droite ni à gauche, elle se poursuit jusqu'à Joigny en ligne droite. Ce vieux chemin, abandonné jadis pour en établir un autre, a vu celui-ci abandonné à son tour pour en créer un troisième, construit selon les règles appliquées aujourd'hui.

Vous avez classé un autre chemin parmi les voies romaines, lequel fait double emploi avec un autre que vous admettez et qui nous paraît hors de discussion. Il s'agit d'un chemin romain, qui, selon vous, sortant de Troyes, traverserait le marais et le village de Villechétif, Bouranton, et ensuite se dirigerait vers Piney. Il est nommé *Chemin-de-Troyes-à-Brienne*. Si nous repoussons votre appréciation, voici nos motifs. Jugez-les. D'abord nous ne croyons pas à deux chemins parallèles et ayant la même destination. Mais voici surtout ce qui nous décide contre vous. Dans la session des Grands-Jours de Troyes, tenue en 1535, les seigneurs, possesseurs de péages, furent vivement attaqués par les habitants de Troyes qui firent admettre par la Cour leur demande en communication de titres. MM. du Chapitre de Saint-Etienne, de Troyes, étaient seigneurs péagers du Pont-Hubert. Ils produisirent sans doute des titres en règle. Mais, quatre ans après, les fermiers, peut-être plus exigeants, ou les habitants de Troyes, moins bien disposés à payer que précédemment, ceux-ci s'entendirent avec leur évêque Odard Hennequin, afin d'établir une chaussée à Villechétif pour traverser les marais, et se débarasser ainsi du péage du Pont-Hubert. Veuillez consulter les registres de l'Echevinage de Troyes, et vous trouverez ce fait clairement établi. Si votre conviction n'était pas entière, prenez la peine de vous transporter à Villechétif, et vous y verrez la chaussée édifiée en partie avec les deniers du bon évêque et en exécution des délibérations de l'Echevinage.

Vous n'avez trouvé aucune inscription romaine à signaler dans le département. Nous n'en possédons pas à Troyes, il est vrai ; mais selon le programme, vous étiez tout au moins autorisé à rechercher et à indiquer celles qui intéressaient la circonscription dont l'étude vous était confiée, en mentionnant la collection dont elles faisaient partie. Si vous aviez vu Grosley, les travaux de M. Corrard de Breban, vous ne nous auriez pas laissé le soin de réparer votre oubli. Vous pouvez ainsi vous rendre compte que Grosley n'a pas plus inventé les inscriptions qu'il indique, qu'il n'a *inventé* la sentence de l'Official de Troyes rendue contre les Urebecs.

Ce n'est pas sans étonnement que, dans le premier article de votre *Répertoire* (Allibaudières), nous vous voyons débuter en signalant un amphithéâtre que M. Camut-Chardon, un de ces amis de la petite patrie, du sol natal, — il est inutile de rappeler ici le reproche que l'on fait à ces gens-là, — s'était borné à qualifier : Camp d'observation. Nous voudrions vous féliciter d'une pareille découverte, mais nous ne le pouvons pas; car, bien que M. Camut-Chardon ait constaté dans ce lieu, situé au milieu des plaines de la Champagne, quelques débris de constructions en dehors des principales, ainsi que la rencontre de quelques monnaies, tout cela n'équivaut pas à une ville, à une ville d'une certaine importance, et vous ne dites pas que vous ayez rien découvert par vous-même. A un amphithéâtre, il faut des spectateurs, et où les trouver dans les plaines inhabitables et inhabitées de la Champagne. Est-ce que vous admettriez par hasard que l'opéra serait bien bien placé au milieu d'un désert? Si un jour vous découvrez la ville, au lieu indiqué par M. Camut-Chardon, je croirai à votre amphithéâtre.

XI.

Nous ne nous livrons à aucune critique à l'occasion des églises paroissiales. Nous aimons à croire que vous les avez mesurées avec exactitude, et nous nous en rapportons à vous sur ce point. Mais avez-vous bien visité ces édifices, et n'avez-vous pas oublié quelques objets ou précieux ou intéressants. Nous le croyons, puisque nous avons relevé un certain nombre d'*articles* non moins intéressants que ceux auxquels vous avez donné place dans votre *Répertoire*.

Vous auriez repoussé de votre travail le beau calice de Saint-Maclou, parce que, dites-vous, vous le reconnaissez pour être une œuvre du xviie siècle. Fût-il de cette époque, il n'en méritait pas moins une mention de votre part, car il a de la valeur comme travail, et vous n'avez signalé aucun objet analogue qui remontât même à cette date. Peut-être un jour viendra-t-on dire qu'il est le seul vase sacré ayant, dans le département de l'Aube, survécu aux jours néfastes de 1793.

Parmi les édifices du culte catholique, vous avez bien signalé quelques chapelles, en petit nombre, vous le reconnaîtrez avec nous. Pourquoi ne pas comprendre dans votre nomenclature tous ces édifices modestes, où les populations locales, et quelquefois éloignées, venaient ou viennent encore avec piété ac-

complir leurs devoirs? Comme le porte le programme : « il
» peut être plus intéressant de signaler et de décrire telle cha-
» pelle ignorée, négligée jusqu'à ce jour, que telle cathédrale
» sur laquelle il existe des ouvrages auxquels on peut renvoyer
» le lecteur. » Vous êtes vous-même entré dans cette voie, en
indiquant quelques chapelles, même de récente construction ;
pourquoi ne l'avez-vous pas suivie jusqu'au bout? Vous avez
pu remarquer que l'on y rencontre parfois des objets intéressants.
En voici un exemple choisi entre plusieurs : la chapelle de Vert
(commune d'Auxon), que nous avons indiquée, conserve, à l'u-
sage du culte, une croix processionnelle en bronze avec Christ
et émaux. Cette croix date de l'époque où vivaient Pierre et
Bancelin de Vert, si elle ne remonte pas au-delà. Il ne faut pas
un bien grand effort d'imagination pour faire de cette croix un
don pieux à cette chapelle par ces deux frères, officiers du
comte Thibault, qui, en 1225, obtinrent de leur libéral maître
des privilèges, pour eux et pour leur lignée mâle et femelle.
Ces privilèges, sous le nom de *Bancelinage*, et dont l'importance équivalait presqu'à la noblesse, conservèrent toute leur
force jusqu'à la fin du xviiie siècle; car les descendants de
Pierre et de Bancelin de Vert, — et ils étaient nombreux, —
firent souvent reconnaître leurs droits contre les prétentions de
leur seigneur, le marquis de la Vrillière. Cette croix avait donc
un double titre pour obtenir de vous une mention honorable
dans votre catalogue.

A propos d'église, il en est une dont la situation toute particulière méritait, à nos yeux, une citation spéciale. Nous voulons
parler de celle de Turgy. Cette église ne touche ni au château,
qui domine la contrée, ni aux rares maisons jetées éparses sur
la colline voisine. Elle est placée dans un lieu inhabité et inha-
bitable, c'est-à-dire au milieu des sources nombreuses et abon-
dantes du Landion, et son pavé est en contrebas du niveau de
ces sources, de plus d'un mètre. Je ne sais pourquoi, mais je
ne puis me défendre d'une certaine pensée. Est-ce que cette
église ne serait pas un témoignage de la vénération accordée,
par les populations voisines, à certaines fontaines, en raison
des bienfaits qu'elles répandaient dans la contrée, vénération
qui, du paganisme, est passée dans le christianisme? C'est pour
ce motif que nous avons cru convenable de relever les faits de
dédicace de certaines fontaines auxquelles sont attachées quelques croyances populaires. Je ne sache pas que vous ayez,

Monsieur, signalé aucun fait de cette nature qui, pour un archéologue studieux, a sa valeur.

A propos de fontaines, n'eût-il pas été convenable de rapporter quelques indications de la nature de celles-ci : Fontaine de..., guérissait de la fièvre ; Fontaine de..., guérissait du mal d'yeux. Nous croyons que ces indications eussent eu leur intérêt, non pas au point de vue du tort qu'elles auraient pu causer pour l'avenir à MM. les médecins, mais seulement comme étude sur l'esprit des populations d'autrefois.

Pourquoi, M. de Jubainville, laisser dans l'oubli le beau vitrail de l'église d'Ervy, dont le sujet, comme la manière dont il est traité, n'appartient pas à ceux qui sont du domaine de la peinture sur verre. Je veux parler du triomphe de la chasteté sur la concupiscence, représenté à l'aide du symbolisme payen. L'idée y est vigoureuse, il est vrai. On voit, foulés aux pieds du Temps, brûlant dans les flammes éternelles, papes et rois, grands et petits, les grands surtout. N'est-ce pas tout un poème que ce tableau divisé en huit compartiments, c'est-à-dire en huit chants ? N'est-ce pas même tout l'esprit du seizième siècle, que cette confusion des idées chrétiennes avec les souvenirs de l'Olympe et du royaume de Pluton, que cet abaissement de toutes les grandeurs officielles ? Là, comme dans les œuvres poétiques de cette époque, on trouve les prières du Dieu des chrétiens à côté des invocations adressées aux dieux des payens. Mais on y voit, surtout, dans cette remarquable composition, exécutée de main de maître, le triomphe de la morale chrétienne. Pourquoi, Monsieur, n'avez-vous pas mis votre attache à cette page si poétique, d'une idée si pure, et nous avez-vous laissé ce soin ? Pour cet oubli, nous vous devons des remerciments ; car, comme idée originale, bizarre, caractéristique, ce vitrail est, en son genre, l'œuvre capitale, unique du département de l'Aube, et peut-être d'une grande région.

XII

Il fut un ordre religieux qui, pendant deux siècles, joua un rôle fort important, non-seulement en France, en Europe, mais aussi en Terre-Sainte, et qui, par ses institutions et ses premiers dignitaires, se rattache surtout à la Champagne.

Après avoir rempli le monde du moyen âge de sa brillante et

bruyante renommée, après l'avoir peuplé de ses riches établissements, cet Ordre prit fin à la suite d'un procès resté fameux dans nos annales judiciaires. Bien que la milice du Temple ait reçu sa règle à Troyes, de la main de saint Bernard; que son premier grand-maître fût originaire de Champagne, peut-être de Troyes, puisqu'il portait le nom de l'un des villages de la banlieue de cette ville, vous n'avez trouvé, pour tout souvenir de l'Ordre des Templiers, que la chapelle de la Commanderie d'Avalleurs, citée par tous les ouvrages d'archéologie locale, et les ruines, non moins connues, de la Commanderie de la Saulsotte; pourtant, parmi les publications locales, comme dans le recueil des pièces du *Procès des Templiers,* sans nous étendre davantage sur la bibliographie qui intéresse cette grande milice, vous auriez pu trouver, si vous aviez pris la peine de chercher, des indications utiles. Mais n'avez-vous pas entre vos mains un document important? Le Cartulaire de la Commanderie de Troyes, qui aurait dû vous fournir de précieux renseignements. Mais non; vous nous avez laissé le soin de signaler à l'attention publique les nombreux établissements des Templiers dans notre département, et, après en avoir nommé plusieurs, nous craignons d'en laisser encore dans l'oubli.

Ainsi, il faut que nous rappelions : la Commanderie de Bouleu, dont le siége est encore indiqué par la ferme de ce nom et par l'ancienne chapelle de la ferme de l'Hopitau, orné d'un beau tympan sculpté, du XIIe ou XIIIe siècle; — celle d'Orient, signalée sur les lieux par les débris de sa maison-forte et ses fossés qui l'entouraient; — Le temple de Buxières; — ceux de Payns, de Fresnoy, du val de Thors, de Sancey, aujourd'hui Saint-Julien; — celui de Verrières, dont l'emplacement ne serait autre que celui de la ferme encore nommée *Ferme du Temple.* — Il faut que nous rappelions que l'église paroissiale du Mesnil-Saint-Loup, village qui s'éleva sous la protection de la valeureuse milice, était la chapelle de leur vaste maison, dans laquelle, comme dans le temple de Sancey, dans ceux de Payns, de Troyes, etc., eurent lieu les mystérieuses cérémonies de la réception des chevaliers. — Vous n'avez pas trouvé un mot pour une contrée, située à la Chapelle-Saint-Luc, qui porte encore le nom de la *Loge du Temple.* — Vous avez passé sous le plus complet silence la Commanderie de Troyes, qui donna son nom à tout un quartier de la ville, et passa aux mains des Chevaliers de l'Ordre de Malte. — Enfin, vous n'avez eu que l'ombre d'un souvenir pour un ordre qui, par ses richesses, par ses nombreux et vastes domaines, anima toute notre contrée pendant deux siècles. Je ne crois pas être trop hardi en leur attribuant la création d'un grand nombre de fermes, de hameaux, et même de villages, notamment ceux qui portent le nom de *Loges,* parce que ceux-ci se trouvent placés sur les terrains qu'ils ont défrichés, et dans le voisinage de leurs Commanderies (1).

Nous ne vous dissimulerons pas que cet oubli si complet nous étonne ; nous nous permettons de vous le signaler. Quelle est donc la cause de cette omission, quand vous aviez entre les mains de quoi éveiller, au moins votre attention, si ce n'était votre souvenir? Est-ce un oubli involontaire? Ou ce silence est-il dû, au contraire, à l'intention de rayer de l'histoire les souvenirs qui se rattachent à cet ordre vaincu plutôt par l'abus des richesses que par ses crimes? Si telle était votre intention, quelques efforts que vous puissiez faire dans ce but, votre autorité, comme historien ou comme archéologue, n'ira pas jusqu'à faire oublier les faits et les lieux auxquels se rattache cette grande association religieuse et militaire, qu'elle soit innocente ou coupable.

Votre travail peut-il servir de guide, et même de renseignements, pour des recherches sur l'Ordre des Templiers dans notre contrée? Nous attendons votre réponse.

XIII.

Vous avez, Monsieur, signalé quelques châteaux importants, soit au point de vue militaire, soit en raison de l'illustration que leurs nobles propriétaires ont pu jeter sur ces édifices de la féodalité. Vous avez indiqué quelques villes fermées; mais ici encore vos notes sont en défaut. — Nous avons ajouté bien des noms de villes fermées et de châteaux à ceux que vous avez catalogués. Ainsi, vous visitez des villes et vous ne vous rendez pas compte que l'eau coule encore dans leurs anciens fossés. Dans

---

(1) Nous n'avons pas mis au rang des établissements des Templiers, la ferme de la Gloire-Dieu, située dans un site un peu sauvage, sur les bords de la Seine, au territoire de Courteron, quoi qu'il y ait présomption que la création en remontât aux Chevaliers du Temple. Mais ce qui ne paraît pas laisser de doute, c'est qu'elle aurait appartenu aux Chevaliers de Malte, dont la croix est sculptée sur son portail, qui, comme les principales constructions, remonte au XVIe siècle.

une de ces villes, — il nous est permis sur ce point d'éveiller votre souvenir, — vous ne voyez pas que de jolis jardins, lui servant aujourd'hui de ceinture, occupent l'emplacement des anciens fossés. — Vous passez sous une porte, celle d'Ervy, la seule que possède aujourd'hui le département, et bien que ses deux tours plongent encore dans de profonds fossés, vous ne la voyez pas. — Vous ne donnez pas même un souvenir au château de Gyé-sur-Seine, dont il reste d'anciennes parties importantes du XIIIe siècle, et auquel se trouve attaché le nom de Blanche, mère de saint Louis. — Vous n'avez pas vu le château de Saint-Lyé, assis proche de l'église, et dont les bâtiments conservent un caractère de grandeur tout particulier, quoiqu'ils ne formassent, autrefois, qu'une faible partie de cette vaste habitation seigneuriale, en même temps qu'épiscopale, donnée par Louis VII aux évêques de Troyes, à ce château qui, avant sa réédification au XVIe siècle, fut témoin, en 1316, du mariage de Louis X avec Clémence de Hongrie, et qui joua un rôle important pendant la guerre des Anglais (1).

Appliquant ici un principe que vous avez repoussé dans la discussion, vous ne rappelez, pour Estissac, que l'édifice du XVIIe siècle, et vous vous taisez sur le château féodal du XVe, qui, sous le nom de Saint-Liébault, était une des places les plus fortes de la vallée de la Vanne. — Vous ne donnez, en passant, aucun souvenir au château de Villacerf, magnifique habitation des Colbert, lequel survécut, pour une grande partie, au premier quart de ce siècle, et dont quelques sculptures, œuvres capitales, ornent le Musée de Troyes ; — ni à celui de Pont-sur-Seine, splendide création des Boutbillier de Chauvigny, qui ne fut détruit qu'après que Mme Lœtitia eut cessé de l'habiter. — Vous êtes allé à Aix-en-Othe, et vous n'y avez pas vu les restes de cet autre château épiscopal, reconstruit au XVIe siècle, et qui succédait à un autre dont l'existence est signalée au IXe.

Si, pour les édifices consacrés au culte, vous avez généralement fait remonter au XIIe siècle des parties plus ou moins importantes de nos églises rurales, — ce qui, soit dit en passant, nous a quelquefois paru un peu forcé d'appréciation, — vous avez un peu trop rapproché de nous l'origine des édifices militaires. Nous croyons, avec une certaine conviction, que les trou-

---

(1) Page 34, à l'article Saint-Lyé, au troisième paragraphe, on a répété, par erreur, Epoque romaine, au lieu de dire *Epoque moderne.*

bles civils et religieux du xvi͏ᵉ siècle, ont fait construire moins de moutiers et de châteaux-forts, que la guerre des Anglais, guerre si longue et si désastreuse dans nos contrées; vos indications tendent à faire croire le contraire. A cette dernière époque, on construisait des châteaux purement militaires, servant à abriter momentanément les populations du voisinage et le peu de biens qu'elles possédaient. Une grande partie de ces édifices ne subirent que des modifications après la réunion de la Bourgogne à la France. Sur les mêmes lieux, et pendant les temps plus calmes, dans nos contrées, des règnes de Louis XII et de François I͏ᵉʳ, s'élevèrent des habitations auxquelles on donna un certain caractère de force, tout en réunissant autour du maître ce qui était indispensable à la vie. Ces vastes constructions étaient facilement défendues par le nombreux personnel de travailleurs qui les habitaient.

Si les châteaux-forts du xiv͏ᵉ et du xv͏ᵉ siècles changèrent d'aspect, ceux qui s'élevèrent dans le cours du xvi͏ᵉ siècle, demeurèrent jusqu'à nous, pour un certain nombre, ce qu'ils étaient. Il en est parmi ceux-ci qui ont conservé leur physionomie primitive, et dont les noms ne décorent pas votre Répertoire. Nous en avons cité, il y en a d'autres encore. Ces constructions valent bien une mention; car, sans compter leur importance, elles témoignent du changement d'habitudes dans les relations sociales; elles sont un souvenir d'un travail agricole important, exécuté sous les yeux du maître, travail qui n'appartenait plus alors seulement aux anciennes maisons religieuses, mais qui se sécularisait. Les produits de ce travail étaient ensuite mis à l'abri d'un coup de main, et par l'épaisseur des murailles, et par la forme donnée aux bâtiments, et aussi par la largeur ou la profondeur des fossés.

Nous avons cité le manoir de Bucey; c'est un type achevé de ce genre de construction. Là, vous trouverez un quadrilatère fermé de fossés, que remplissent encore les eaux du ruisseau de Bucey; des bâtiments, entourant une grande cour carrée, dans laquelle s'élève une tour, aussi carrée, servant de colombier. L'unique entrée était à pont-levis, dont les tourillons sont encore en place, et les entailles de la bascule encore visibles. L'emplacement des portes et de la herse se voit encore aujourd'hui, et un donjon couvre ce passage fort étroit; aucune ouverture ne donnait sur la campagne, sinon celle du pont-levis et un guichet placé à l'extrémité opposée, et débouchant sur le chemin de ronde qui isole les bâtiments du fossé. Aux quatre coins, s'élevaient des tours avec meurtrières, disposées afin d'y recevoir le canon d'une arme à feu ; de ces tours, trois existent encore. Il n'y a eu que bien peu de parties remaniées : quelques fenêtres sur la campagne, et une porte charretière, nécessitée par les nouveaux besoins d'une exploitation agricole, et percée sur l'une des faces perpendiculaires à celle du donjon. Nous vous citons ce manoir comme type, mais combien d'autres méritent la plus sérieuse attention par leurs dispositions analogues ou différentes.

Nous vous indiquerons encore l'ancien manoir de Montaulin, qui va disparaître. C'est une vaste construction en bois, avec galeries au rez-de-chaussée et au premier étage, et avec bâtiments d'exploitation isolés, le tout entouré de fossés. Ce mode de construction avec galeries, souvent pratiqué, au XVIe siècle, dans la banlieue et dans les environs de Troyes, paraît avoir été introduit dans nos contrées pendant ou après les guerres d'Italie.

Permettez-nous de vous dire que nous ne pouvons admettre avec vous que Vendeuvre ait jamais été, en tout ou en partie, ville close. Les fossés que vous avez signalés, étaient, non point une enceinte de la ville, mais bien celle du château du côté opposé au donjon. C'est, au contraire, la population qui, à l'époque où le château féodal perdit de son importance, vint couvrir d'habitations les deux enceintes qui fermaient le vieux château. Le fossé intérieur prit le nom de rue du Chapon ; les habitants ont toujours vu, dans ce nom, le souvenir de la redevance payée au seigneur, tradition entièrement conforme aux titres.

XIV.

Parmi les noms d'édifices dont le programme ministériel demandait l'indication, on trouve les moulins. On ne peut admettre que les rédacteurs de ce beau document administratif aient pu penser qu'il existât encore des moulins, dont le mécanisme aujourd'hui en mouvement pût remonter à plusieurs siècles en arrière ; mais on doit être convaincu que l'intention était de reconnaître, autant qu'il est possible, la date de la création de ces établissements industriels qui, par leur destination, ont toujours eu un caractère d'intérêt public. Ainsi, la constatation de ces usines, plus ou moins nombreuses, à une époque quelconque, ne prouve-t-elle pas ou l'importance de la population, ou bien la nature des travaux industriels auxquels se livrait cette population? Appliquant ce principe à la ville de Troyes, n'est-ce pas dire l'importance de la population, que de constater, au xiie et au xiiie siècle, l'existence de quinze à dix-huit moulins? N'est-ce pas indiquer la direction que prit son industrie plus tard, que de dire qu'au xve et au xvie siècle, ces moulins se convertissent en *foulons à draps*, en *moulins à blanchir toiles*, en *moulins à papier* (1), pour les voir reprendre, à une époque de décadence, la mouture des grains, et, enfin, se convertir, à notre époque, de si brûlante activité commerciale, en filatures de coton? N'est-ce pas faire, en quelques mots, l'histoire industrielle de notre cité?

On ne peut interpréter le programme ministériel dans un sens opposé à celui que nous lui donnons. On l'a vu : M. le Ministre ne se préoccupe pas moins des habitudes, des usages, des mœurs, des faits historiques, que des objets et des édifices que l'art seul recommande à l'attention des observateurs.

Ici, encore, n'est-ce pas un oubli, et un oubli grave, que de ne pas avoir signalé *un seul moulin* dans notre département? N'est-ce pas ignorer le passé de la ville de Troyes, dont les titres de noblesse sont surtout établis sur l'activité commerciale et industrielle de ses habitants? Nous avons réparé votre oubli, en partie seulement, puisque nous n'indiquons guère de moulins que pour la ville de Troyes, où nous en avons trouvé dix-neuf, et ces moulins remontent, pour le plus grand nombre, au xiiie siècle, quelques-uns au xiie, et l'un d'eux daterait au moins des premières années de ce siècle, et peut-être même du siècle précédent, de celui qui vit s'introduire en France les premiers moulins à eau.

XV.

Nous devons encore un mot sur la ville de Troyes. L'auteur du *Répertoire archéologique* n'a rien trouvé dans cette ville qui rappelât l'époque celtique, et pourtant les vitrines du Musée contiennent des haches provenant des fouilles du bassin du canal. D'autres collections troyennes possèdent aussi des objets appartenant à cette période.

---

(1) C'était surtout de Troyes que les Estienne tiraient leurs papiers.

Nos indications augmentent, dans une très-notable proportion, le nombre des mentions contenues au *Répertoire* pour les époques celtiques et romaines. Il en est de même pour les périodes plus rapprochées. Un observateur attentif reconnaît, sans peine, qu'en dehors de quelques objets d'art, peintures ou sculptures, sortis des mains des illustres enfants de Troyes au xviie siècle, le surplus, qui est considérable, des objets d'art renfermés dans les églises, appartient au xvie siècle. En visitant nos églises, on peut facilement se rendre compte de la valeur des nombreux artistes que Troyes possédait à cette époque, comme peintres-verriers, sculpteurs, imagiers, orfèvres, etc., d'un mérite véritable et bien constaté. — Nous doutons que le *Répertoire* laisse cette impression dans l'esprit du lecteur.

XVI.

Vous avez cru utile et intéressant, Monsieur, de mentionner les noms de quelques lieux habités, disparus à des époques diverses. Là, encore, vous êtes resté au-dessous de la vérité. Nous avons aussi, de notre côté, rappelé un certain nombre de noms appartenant à cette catégorie. Cette disparition de lieux habités, villas gallo-romaines, villes, villages, hameaux et fermes, comporte, en elle-même, une étude d'un très-vif intérêt. Mais pour atteindre ce but, il faut être complet, ou à peu près, et surtout étudier les causes de ces destructions successives. Nous sommes nous-mêmes restés beaucoup au-dessous des documents que nous possédons, et nous aurions pu élever le nombre de nos citations à deux cent cinquante au moins. Mais une simple nomenclature ne suffit pas, dans la circonstance, pour donner à ce sujet l'intérêt qu'il mérite. Il faut exposer les causes de ces destructions ou de cet abandon, et ces causes sont très-variées. Si les uns ont disparu par suite de violences, sous l'action des torches incendiaires, par suite du massacre de leurs habitants, ou de maladies contagieuses, les autres, au contraire, ont cessé d'exister sous l'influence d'idées infiniment calmes, infiniment paisibles. Mais ce n'est pas l'occasion de se livrer à cette digression qui appartient autant à l'histoire qu'à l'archéologie.

Nous dirons encore que vous avez laissé à nos bons soins l'indication de tous les ponts anciens de notre département. Car, sans parler du pont Boudelin, que vous reconnaissez avoir été réparé de 1774 à 1778, du pont de Bar-sur-Seine, de celui de

Fouchères, il en est d'autres encore qui présentent de l'intérêt, et ici nous n'avons pas l'intention de rappeler quelques beaux ponts laissés dans nos contrées par les ingénieurs du xviiie siècle.

Vous avez aussi, Monsieur, signalé quelques croix de carrefour ou de cimetière; mais nous avons notablement augmenté votre liste par l'indication de monuments qui sont, en valeur artistique, au moins égaux, si ce n'est supérieurs, à ceux que vous avez cités. — Vous n'avez pas trouvé de bornes limitatives de seigneurie, dont l'indication est demandée par le programme ; non-seulement nous en avons découvert, chargées d'armoiries, sur le territoire de plusieurs communes, mais encore nous avons cru nous rendre aux vœux de Son Excellence, en signalant deux bornes limitant les provinces de Champagne et de Bourgogne, quoique ces bornes parussent modernes.

Enfin, il existe d'autres monuments qui n'appartiennent point aux beaux-arts, mais qui, aujourd'hui, sont du domaine de l'archéologie. Je veux parler des arbres dits de Sully. Si toutes les paroisses du département ont possédé de ces arbres, il n'en est plus qu'un petit nombre qui aient survécu aux accidents et prolongé leur existence jusqu'à nous. On en compte encore plusieurs dans nos communes, et nous citerons seulement ceux de Buxeuil, des Croûtes, du Mesnil-Saint-Loup, de Meurville, de Montgueux, etc. Nous pensons que M. le Ministre n'eût pas trouvé déplacée l'indication de ces arbres dans le *Répertoire archéologique*, car ces arbres ont servi à conserver dans nos campagnes le souvenir d'un grand ministre d'un grand roi, et ils sont, par ce motif, devenus des monuments appartenant à l'archéologie.

Nous voulons achever, et pourtant nous dirons encore : le xvie siècle a laissé, sur les constructions de toutes sortes qu'il a vu élever, des inscriptions en forme de devises, de proverbes, de sentences, même de jeux de mots. Nous en avons signalé un certain nombre, et, en note, nous en avons reproduit quelques-unes, recueillies aux Riceys, parce que la plupart de ces dernières sont inédites. Mais combien d'autres méritent d'être mentionnées à Troyes, à Chaource, à Bar-sur-Seine, à Ervy, etc., tant en français qu'en latin, même en grec ! Mais vous avez fait, Monsieur, des inscriptions ce que vous avez fait des légendes, ce que vous avez fait des ponts.

XVII.

Avant d'achever, nous vous devons, Monsieur, une explication pour répondre au *Nota* contenu au *Napoléonien* du 3 octobre. Aussi, nous empressons-nous de vous la donner complète.

Nous reconnaissons sans peine que notre travail mentionne un certain nombre d'articles, — minime si on le compare à l'ensemble que nous avons formé, — dont la constatation ou la découverte a pu suivre votre publication. Si nous avons cru utile de signaler ces faits nouveaux, ce n'est pas dans le but d'augmenter le nombre des citations pour vous les opposer ensuite, mais bien pour arriver à une liste aussi complète que possible des faits archéologiques connus, jusqu'à ce jour, dans notre département.

Nous ferons, cependant, observer que parmi ces faits, — et ce sont les plus nombreux, — il en est qui brillent au soleil depuis un grand nombre de siècles. Celui ou ceux qui les ont signalés ne les ont pas découverts dans la véritable acception du mot; ils n'ont fait le plus souvent qu'en révéler ou en constater l'existence, afin d'appeler sur eux l'attention publique. Ces faits appartenaient à tous, et surtout à vous, Monsieur, puisque vous vous étiez donné à vous seul la mission de cataloguer tous les faits archéologiques du département, que vous dites avoir entièrement visité. — Nous ajouterons encore que nous n'avons pas reculé devant la rectification de quelques rares indications reconnues fautives dans le tirage du journal l'*Aube*. Nos efforts ont toujours tendu à rester dans la vérité. Si vous croyez devoir signaler quelques rectifications, faites d'après vos observations, vous êtes pleinement autorisé à les relever, et nous doutons que vous en trouviez plus de cinq ou six.

XVIII.

Nous avons plus haut renvoyé le lecteur à la table des matières pour comparer le nombre et la valeur des articles par nous catalogués. Tous ces édifices, tous ces objets n'ont pas moins de valeur archéologique que ceux auxquels s'est arrêté M. d'Arbois, et parmi ceux que signale le *Supplément*, beaucoup sont uniques dans notre département, et sont du plus haut intérêt.

Si nous constatons le nombre d'articles relevé dans l'œuvre de M. d'Arbois, nous en trouvons, sans y comprendre les églises paroissiales, environ six cent cinquante, dans lesquels prennent place deux cents tronçons de voies romaines. Il reste donc environ quatre cent cinquante mentions se rapportant aux trois grandes divisions de cette étude. Nous avons relevé, de notre côté, *huit cents articles,* parmi lesquels ne sont pas compris les édifices paroissiaux dont nous n'avions pas à nous occuper, et où ne figurent qu'un très-petit nombre de tronçons de voies romaines. Nous comptons quarante-trois numéros d'objets celtiques et cent trente se rapportant à l'époque gallo-romaine. Ici nous ne relevons pas les indications bibliographiques qui s'énumèrent par centaines.

Ce simple rapprochement explique le motif qui nous a décidés à examiner une étude aussi insuffisante pour le département, et nous avons cru utile, non pas seulement d'apprécier l'œuvre de M. d'Arbois, mais aussi de la compléter autant qu'il était en notre pouvoir. Nous ne pouvons nous prévaloir de l'avantage d'avoir visité les quatre cent quarante-six communes du département. Nous avons rappelé les choses qui avaient frappé notre attention dans les communes que nous connaissions, et nous avons groupé les notes recueillies dans les diverses publications par nous consultées. Qu'aurions-nous donc pu relever, si nous avions visité tout le département, et travaillé pendant cinq ans à ce supplément, comme M. d'Arbois qui a donné à son travail « tant d'heures et tant de journées? » (*Napoléonien* du 23 septembre 1861.)

Nous avons fait observer à M. d'Arbois qu'il avait négligé différentes sources qui auraient pu lui fournir les plus utiles renseignements. Il a bien voulu répondre à son interlocuteur qu'il les méprisait, et on peut se souvenir de ses expressions empreintes de dédain. Mais il en est une que le programme lui indiquait : la collection topographique du département des estampes à la Bibliothèque impériale. A tous les titres, cette source était recommandable, et ce n'est pas la seule que là Bibliothèque impériale peut fournir. M. d'Arbois a-t-il puisé à cette source? Nous répondons? Non.

Certes, pour notre travail, si nous n'avons pas visité les communes du département, nous n'avons pas non plus fait le voyage de Paris. Il est à notre connaissance que cet immense dépôt contient un grand nombre de documents que, comme le dit le programme, on chercherait vainement ailleurs. Nous avons eu seulement la satisfaction de pouvoir signaler le plan de Troyes, gravé en 1679, et représentant les édifices de la ville. C'est peut-être le premier plan de Troyes que la gravure ait répandu ; au moins, il paraît être le plus ancien connu.

Nous sommes aussi autorisés à signaler l'oubli de documents qui, plus que d'autres, étaient du domaine de M. d'Arbois. M. le Ministre demande qu'il soit indiqué au moins quelques pièces remarquables renfermées dans les bibliothèques, dans les archives. Ici, et à bon droit, on s'étonne, Monsieur, de votre silence. L'on peut se demander si le dépôt, confié à votre garde, ne contient rien qui soit digne de fixer l'attention. Vous nous permettrez d'être muet, ou à peu près, sur ce point, car nous ne pouvions aller demander à vous-même des armes pour vous combattre. Mais, cependant, vous nous permettrez de croire que nos archives religieuses ou autres contiennent quelques bulles, diplômes, chartes ou autres documents dignes d'intérêt. Enfin, une mention sommaire, indiquant le genre d'intérêt que présentent les Archives du département de l'Aube, nous paraissait indispensable, selon le programme.

Quant aux Archives municipales et à la Bibliothèque de la ville de Troyes, vous deviez nécessairement les oublier, puisque vous ne jugiez pas le dépôt si considérable confié à votre garde, digne d'un souvenir, d'une mention. Mais pour ces deux établissements, nous avons pu parer à votre oubli ou à votre précipitation.

Nous vous dirions bien encore que vous avez laissé en dehors de votre nomenclature les nombreux dépôts de scories de la contrée d'Othe. Mais vous nous répondriez sans doute qu'ils n'ont été découverts, — je dirai seulement signalés, — qu'en 1864. Si vous avez visité cette intéressante contrée, vous n'avez pu vous dispenser de les voir, de marcher sur ces résidus d'une industrie exploitée il y a environ vingt siècles, puisqu'on en trouve dans la construction des voies romaines, notamment dans les matériaux de la voie de Troyes à Auxerre, et que de nos jours ils servent à l'entretien des chemins. — Aussi, par le même motif, nous ne vous rappellerons pas les limites territoriales dont il n'a encore été question que dans un travail plus récent que le vôtre.

XIX.

Nous avons promis de compléter la citation extraite du programme ministériel, en terminant cet examen du *Répertoire archéologique,* dressé par M. d'Arbois. Nous dirons donc qu'après avoir demandé deux tables, l'une par ordre alphabétique de communes, l'autre par ordre de matières, (cette dernière manque au travail de M. d'Arbois,) le programme se termine ainsi :
« Que l'on suive régulièrement ce système pour tout le vocabu-
» laire de l'archéologie, et cette table par ordre de matières, à
» elle seule, formera *l'inventaire complet* des antiquités de la
» France. »

« La liste de tous les collaborateurs, avec l'indication de la
» part de chacun d'eux dans le travail, terminera l'ouvrage. Ce
» sera le dénombrement de l'élite intellectuelle et scientifique
» de nos provinces au moment présent, après le recensement
» des richesses de leur passé. La publication de cette liste, ap-
» portera au *Répertoire* l'autorité si nécessaire à une pareille
» entreprise, en montrant réunies, dans une œuvre patriotique,
» comme en un faisceau, les forces vives de l'érudition de toutes
» les contrées de la France. »

Que de choses dans ce paragraphe, et combien d'idées ces quelques lignes ne soulèvent-elles pas!

Que Dieu nous garde d'analyser, de disséquer toutes les pensées qui peuvent surgir à la lecture de ce dernier paragraphe d'un beau et libéral programme! Nous nous bornerons à dire que l'auteur du *Répertoire,* en ne nommant, et n'ayant eu aucun collaborateur, s'est présenté comme étant à lui seul « l'élite » intellectuelle et scientifique du département de l'Aube » pour les études archéologiques, et pourtant des collaborateurs étaient indispensables, selon M. le Ministre, « pour apporter au *Répertoire* une autorité si nécessaire à une pareille entreprise, » et ces collaborateurs, on les avait donnés au rapporteur.

Pauvre département de l'Aube qui, aujourd'hui, selon M. d'Arbois, ne posséderait qu'un seul archéologue, et encore ne peut-il pas s'honorer de lui avoir donné le jour! Fort heureusement, il en est au moins quelques-uns dont l'autorité est grande. On les connaît, ainsi que leurs solides et consciencieux travaux, et si, aujourd'hui, nous avons pris la plume pour nous occuper d'archéologie, tout en voyant figurer notre nom parmi les leurs, nous nous empressons d'avouer notre infériorité et de nous déclarer le plus nouveau, en date, et le moins méritant.

XX.

Nous avons fini la tâche pénible qui nous a été donnée dans ce travail d'examen et de critique, dont nous aurions été heureux, en l'abrégeant, d'adoucir le ton et les expressions. Mais cela nous était-il possible en présence des interprétations données à des phrases sans ambiguité, et de la hauteur avec laquelle M. d'Arbois a repoussé des critiques, timides d'abord, quoique fondées, et qui n'ont pris de force que sous le coup de réponses blessantes?

Enfin, M. d'Arbois, ne nous reconnaissant aucun titre pour nous livrer à l'examen de son œuvre, nous mettait en demeure de faire nos preuves : ces preuves, nous les croyons complètes.

Pouvions-nous laisser sans répliques quatre articles du *Napoléonien*, dont le ton hautain et dédaigneux provoquait une réponse qui ne s'est fait attendre que par des circonstances indépendantes de notre volonté.

Nous avons dit à M. d'Arbois qu'il avait eu tort, pour lui-même et pour le département, et surtout pour lui-même, de ne pas avoir donné le jour à une œuvre plus complète, et de ne pas avoir suivi les bons et nobles conseils de M. le Ministre, en ne communiquant pas ses travaux à ses collègues de la Commission. Nous n'avions pas tort, puisque nous avons, et au-delà, justifié les prémisses posées par M. Socard, dans son Avant-propos. — Aussi, comme tout fait apporte avec lui sa moralité, terminerons-nous notre examen en rappelant une inscription signalée aux Riceys, et que nous livrons aux réflexions de M. d'Arbois, après nous l'être appliquée à nous-mêmes, car, au fond, nous n'avons aucune prétention scientifique, c'est que

PATIENCE
PASSE SCIENCE.

XXI.

Enfin, il est doux à notre cœur de proclamer hautement et de faire connaître à tous que, si la Société Académique de l'Aube a reçu, le 25 novembre dernier, le premier prix du Concours ouvert pour les travaux d'un *Répertoire archéologique*, ce prix lui appartient à tous les titres, puisque déjà le *Répertoire*, envoyé par M. d'Arbois, surpassait en valeur les travaux admis à ce concours, et qu'aujourd'hui, si un supplément est donné à cet ouvrage, c'est encore l'œuvre de ses membres. La Société Académique de l'Aube se complète donc ainsi elle-même. Les renseignements que nous avons réunis et publiés auraient dû prendre place dans le travail couronné, et, sans nul doute, ils eussent encore été augmentés en nombre, si chacun des membres de la Commission eût été consulté et eût apporté sa part de collaboration qu'il n'a pas été mis à même de produire.

Aussi, n'hésitons-nous pas à rappeler notre pensée formulée en tête de la seconde partie de notre travail : le prix a été accordé à la Société dont nous avons l'honneur d'être membre : elle le méritait, et nous avons prouvé que, si le *Répertoire archéologique* n'était pas complet pour un habitant du département, la Société, par la coopération de ses membres, pouvait donner à ce travail plus d'étendue, plus de valeur, plus d'autorité.

En commençant tout de suite cet examen du travail de M. d'Arbois, nous lui avons épargné la critique de personnes étrangères à la Société, critique qui, nous le savons, devait se faire jour. Nous avons la satisfaction de pouvoir dire que cette étude supplémentaire, commencée un mois avant que le résultat du concours fût connu, n'a pas troublé les travaux de la Commission d'examen. A ce moment, cette étude ne paraissait pas devoir prendre le développement qu'elle reçut par suite des communications bienveillantes qui nous ont été faites.

Enfin, nous sommes heureux de pouvoir, dans la circonstance, offrir à la Société un nouvel hommage de notre dévoûment à ses travaux, et de notre attachement à nos collègues. Nul, nous l'espérons, ne verra ici une pensée qui ne prenne sa source dans le plus entier désintéressement.

Troyes, le 20 Décembre 1861.

T. Boutiot.

TABLE DES NOMS DE LIEU.

A

Allibaudières, 7.
Arcis-sur-Aube, 7.
Arrelles, 18.
Auheterre, 7.
Auxon, 29.
    Blanum (établissement romain de).
    Cosdon (hameau de).
    Sivrey (hameau de).
    Vert hameau de).
Auzon, 32.
Avant-lès-Marcilly, 21.
    Tremblay (hameau du).
Avirey-Lingey, 19.

B

Bagneux, 19.
Balnot-la-Grange, 15.
Balnot-sur-Laigne, 19.
Barberey, 33.
Barbuise, 25.
Bar-sur-Aube, 10.
Bar-sur-Seine, 13.
    Villeneuve.
Bayel, 11.
Beauvoir, 19.
Bercenay-en-Othe, 30.
Bernon, 15.
Bertignolles, 16.
Bérulles, 27.
Blaincourt, 11.
Bligny, 12.
Bonilly, 28.
Bourdenay, 21.
Bourguignons, 13.
Bossancourt, 12.
Bragelogne, 19.
Braux, 8.
Breviandes, 34.
Brienne-la-Vieille, 11.
Brienne-Napoléon, 11.
Bucey-en-Othe, 30.
Buchères, 28.
Buxières, 16.

C

Celles, 17.
    Mores.
Chaise (la), 12.
Chamoy, 29.
Channes, 19.
Chaource, 15.
Chapelle-Saint-Luc (la), 33.
Chappes, 13.
Charmoy, 21.
Chassericourt, 8.
Chassenay, 16.
Chauchigny, 9.
Chaumesnil, 12.
Chavanges, 8.
Chêne (le), 8.
Chennegy, 30.
Chessy, 29.
    Breuil (hameau du).
    Maizières (hameau du).
Clérey, 31.
    Courcelles (hameau de).
Courceroy, 23.
Courteranges, 31.
    Guillotière (village de la).
Coussegrey, 15.
Couvignon, 11.
Créney, 32.
Cunfin, 16.

D

Dampierre-de-l'Aube, 9.
Dierrey-Saint-Julien, 21.
Dosches, 32.
Droupt-Sainte-Marie, 9.

E

Eguilly, 16.
Ervy, 29.
    Montiérault (ferme de).
Essoyes, 16.
Estissac, 30.
Etrelles, 9.

F

Fontette, 17.
Fosse-Corduan (la), 25.
Fouchères, 14.
Fralignes, 14.
Fuligny, 12.

G

Gérosdot, 32.
    Hopitau (ferme de l').
Grandes-Chapelles (les), 9.
Gumery, 23.
Gyé-sur-Seine, 18.

H

Hampigny, 11.

I

Isle-Aumont, 28.
    Roche (hameau de).

J

Jasseines, 8.
Javernant, 28.
    Cheminot (hameau du).
Jully-sur-Sarce, 14.

L

Lagesse, 15.
Laisnes-aux-Bois, 34.
Landreville, 17.
Lantages, 15.
    Bordes (hameau des).
Laubressel, 31.
Lentilles, 8.
Lesmont, 11.
Lirey, 28.
Loches, 17.
Loges-Margueron (les), 15.
Longeville, 28.
Longsols, 9.
Lusigny, 31.
    La Rivour.

M

Maccy, 33.
Magnicourt, 9.
Mailly, 8.
Maraye-en-Othe, 27.
Marcilly-le-Hayer, 22.
Marigny-le-Châtel, 22.
Marnay, 24.
Marolles-lès-Bailly, 14.
Mériot (le), 24.
Merrey, 14.
Méry-sur-Seine, 9.
Mesnil-Saint-Loup, 22.
Messon, 31.

Montaulin, 31.
    Daudes (hameau de).
Montceaux, 28.
Montfey, 30.
Montiéramey, 31.
Montpothier, 26.
Montreuil, 31.
Montsuzain, 8.
Morvilliers, 12.
Moussey, 28.
    Villchertin (château de).
Mussy-sur-Seine, 18.

N

Neuville-sur-Seine, 18.
Neuville-sur-Vannes, 31.
Noës (les), 33.
Nogent-en-Othe, 27.
Nogent-sur-Seine, 24.

P

Paisy-Cosdon, 27.
    Cosdon (village de).
Pâlis, 22.
    Trecherey ou Tricherey (hameau de).
Pargues, 15.
Payns, 33.
Pel-et-Der, 11.
Périgny-la-Rose, 26.
Perthes, 11.
Pincy, 32.
    Rachizy (ferme de).
Plaines, 18.
Plancy, 9.
Planty, 22.
Poivre, 9.
    Targes-la-Cité (village de).
Polisot, 18.
Polisy, 18.
Pont-Sainte-Marie, 32.
    Pont-Hubert (hameau du),
Pont-sur-Seine, 24.
Pouan, 8.
Pouy, 22.
Précy-Notre-Dame, 11.

R

Riceys (les), 19.
Rigny-la-Nonneuse, 23.
Rigny-le-Ferron, 27.
Rivière de-Corps (la), 33.
Romilly-sur Seine, 25.
    Scellières (abbaye de).
Roncenay, 29.
Rosières, 34.
Rosnay, 12.
Rouilly-Sacey, 32.
    Sacey (hameau de).
Rouilly-Saint-Loup, 31.
Rumilly-lès-Vaudes, 14.

S

Saint-André, 34.
    Saint-Michel.
Saint-Aubin, 24.
    La Chapelle-Godefroy (village de).
    Le Paraclet.
Saint-Benoît-sur-Vannes, 27.
    Courmononcle (village de).
Saint-Flavit, 23.
Saint-Germain, 35.
Saint-Jean-de-Bonneval, 29.
Saint-Julien, 35.
    Saulte (la).
Saint-Léger-près-Troyes, 29.
Saint-Lyé, 34.
Saint-Mards-en-Othe, 28.
Saint-Martin-de-Bossenay, 25.
    Saint-Pierre (hameau de).
Saint-Mesmin, 9.
    Courlange (hameau de).
Saint-Nicolas, 25.
Saint-Oulph, 9.
Saint-Parres-les-Tertres, 32.
    Foicy (abbaye de).
Saint-Parres-lès-Vaudes, 14.
Saint-Phal, 30.
Saint-Thibault, 29.
Saint-Usage, 17.
Sainte-Maure, 32.
    Charley (hameau de).
    Vannes (hameau de).

Sainte-Savine, 34.
Saulsotte (la), 26.
    Resson (hameau de).
Savières, 9.
Semoine, 8.
Soligny-les-Etangs, 25.
    Perteleine (ferme de).
Sommefontaine-Saint-Lupien, 23.
Sommeval, 29.
    Vaussemain (ferme de).
Spoix, 12.

T

Thieffrain, 17.
Trainel, 25.
Trancault-le-Repos, 23.
Trannes, 12.
Trouan-le-Grand, 10.
Troyes, 35.
Turgy, 15.

V

Vailly, 33.
Valantigny, 12.
Vanlay, 16.
Vaupoisson, 10.
Vauchonvilliers, 12.
Vaudes, 14.
Vendeuvre, 12.
    Valsuzenay.
Verpillières, 17.
Villacerf, 33.
Villadin, 23.
    Verrois (hameau de).
Villemaur, 31.
Villemoiron, 28.
Villemoyenne, 15.
    Hautes-Villeneuves (hameau des).
Villenauxe, 26.
Ville-sous-La-Ferté, 11.
    Clairvaux.
Ville-sur-Arce, 15.
Villiers-le-Bois, 16.
Villy-le-Maréchal, 29.
Vitry-le-Croisé, 17.
Voué, 8.
Vulaines, 28.

TABLE DES MATIÈRES.

A

ABBAYES. — Voyez Celles, La Chapelle-Saint-Luc, Romilly, Ville-sous-La-Ferté.

ALLOURS. — Voyez Chaource.

ARCHITECTURE ROMANE. — Voyez Celles, Gyé-sur-Seine, Neuville-sur-Seine, Polisy, Troyes (Eglises Saint-Pierre, Saint-Etienne, Saint-Denis, Saint-Martin-ès-Aires).

— GOTHIQUE. — Voyez Mesnil-Saint-Loup, Pâlis, Plaines, Pont-sur-Seine, Les Riceys, La Saulsotte, Saint-Flavit, Troyes (Eglises St-Pierre, Sainte-Madeleine, Saint-Quentin, Les Cordeliers, Saint-Frobert).

— GRECQUE. — Voyez Troyes, (Eglise Saint-Martin-ès-Vignes).

ARCHIVES. — Voyez Troyes.

ARMES CELTIQUES. — Voyez Barbuise, Bourguignons, Chamoy, Essoyes, Fralignes, Gérosdot, Lagesse, Landreville, Lesmont, Messon, Les Noës, Pont-sur-Seine, Saint-Oulph, Sainte-Savine, Trancault, Troyes, Vauchonvilliers, Vendeuvre, Villemaur, Villemoyenne, Villenauxe.

— ROMAINES. — Aix-en-Othe, Auxon, Bossancourt, Bragelogne, Celles, Le Chêne, Cunfin, Macey, Neuville-sur-Seine, Les Riceys, Saint-Germain, Saint-Nicolas, Saint-Phal, Somme-Fontaine-Saint-Lupien, Troyes.

— FRANÇAISES, DU MOYEN AGE ET DE L'ÉPOQUE MODERNE. — Voyez Chappes, Chassenay, Couvignon, Essoyes, Troyes, Vitry-le-Croisé.

ARQUEBUSE DE TROYES. — Voyez Troyes.

ARTILLERIE. — Voyez Troyes.

ATELIER MONÉTAIRE. — Voyez Lantages.

B

BAINS ROMAINS. — Voyez Aix-en-Othe, Neuville-sur-Seine.

BAS-RELIEFS. — Voyez Mussy-sur-Seine, Saint-André, Somme-Fontaine-Saint-Lupien, Troyes (Eglises Saint-Urbain, Saint-Nicolas, Saint-Pantaléon, et *passim*), Verpillières.

BÉNITIERS. — Voyez Chauchigny.

BIBLIOTHÈQUES. — Voyez Troyes.

BIJOUX ET OBJETS CELTIQUES. — Voyez Barbuise, Jasseines, Neuville-sur-Seine, Neuville-sur-Vannes, Troyes, Villadin, Villenauxe.

BIJOUX GALLO-ROMAINS. — Voyez Aix-en-Othe, Bar-sur-Seine, Bossancourt, Bragelogne, Estissac, Javernant, Montaulin, Neuville-sur-Seine, Les Riceys, Saint-Phal, Troyes, Villemoyenne.

— DU MOYEN AGE ET DE L'ÉPOQUE MODERNE. — Voyez Saint-Léger-près-Troyes, Troyes (Eglises St Pierre, Saint-Etienne, Saint-Jean, Sainte-Madeleine, et *passim*), Ville-sous-La-Ferté.

BORNES LIMITATIVES. — Voyez Bourdenay, Bourguignons Chamoy, Neuville-sur-Seine, Sainte-Maure, La Saulsotte, Villy-le-Maréchal.

C

CALICES. — Voyez Bar-sur-Aube, Troyes.

CAMP ROMAIN. — Voyez Etrelles.

CARREAUX ÉMAILLÉS. — Voir *Céramique*.

CAVEAUX. — Voir *Souterrains*.

CÉRAMIQUE. — Voyez Arcis-sur-Aube, Auxon, Bar-sur-Aube, Bossancourt, Bouilly, Braux, Celles, La Chapelle-St-Luc, Chappes, Courceroy, Coussegrey, Eguilly Estissac, Etrelles, Lusigny, Mailly, Montiéramey. Pargues, Pel-et-Der, Poivre, Romilly, Rosières Rouilly-Sacey, Saint-Aubin, Saint-Germain, Saint-Oulph, Saint-Phal, La Saulsotte, Somme-Fontaine-Saint-Lupien, Troyes (Eglises Saint-Pierre, Les Cordeliers, Saint-Remi, Saint-Nizier, Saint-Nicolas, et *passim*), Vaudes, Villadin, Ville-sur-Arce.

CERCUEILS EN PIERRE GALLO-ROMAINS. — Voyez Aix-en-Othe, Etrelles, Les Riceys, Rouilly-Saint-Loup, Saint Lyé, Saint-Oulph, Somme-Fontaine-Saint-Lupien.

CHAIRE A PRÊCHER. — Voyez Troyes (Eglises Saint-Nicolas, Saint-Pantaléon).

CHANDELIERS. — Voyez Foucheres, Villenauxe.

CHAPELLES ISOLÉES. — Voyez Auxon, Avant-lès-Marcilly Balnot-sur-Laignes, Bar-sur-Aube, La Chaise, Chamoy, Chessy, Coussegrey, Ervy, Gérosdot, Isle-Aumont Lantages, Longeville, Mesnil-Saint-Loup, Moussey. Nogent-sur-Seine, Pâlis, Pont-Sainte-Marie, Les Riceys, La Rivière-de-Corps, Saint-Martin-de-Bossenay, Saint-Mesmin, Sommeval, Thieffrain, Troyes (*passim*), Vendeuvre, Verpillières.

CHAPELLE SÉPULCRALE. — Voyez Foucheres.

CHASSES, RELIQUAIRES ET RELIQUES. — Voyez Jully-sur-Sarce, Lirey, Saint-André, Sainte-Maure, Saint-Parres-les-Tertres, Somme-Fontaine-St-Lupien, Troyes (Eglises Saint-Pierre, Saint-Etienne, Saint-Jean, Sainte-Madeleine), Villemaur, Villenauxe, Ville-sous-La-Ferté.

CHATEAUX. — Voyez Aix-en-Othe, Arcis-sur-Aube, Auheterre, Balnot-sur-Laigne, Bar-sur-Seine, Bernon, Bertignolles, Bligny, Bossancourt, Bourguignons, Bragelogne, Brienne-Napoléon, Chamoy, Channes, Chappes, Charmoy, Chassenay, Chassericourt, Clérey, Dampierre, Dosches, Gérosdot, Gumery, Gyé-sur-Seine, Hampigny, Isle-Aumont, Loches, Les Loges-Margueron, Longsols, Le Mériot, Merrey, Méry-sur-Seine, Messon, Montsuzain, Moussey, Mussy-sur-Seine, Nogent-sur-Seine, Payns, Piney, Plancy, Poivre, Pouan, Romilly-sur-Seine, Rouilly-Sacey, Saint-Aubin, Saint-Benoit-sur-Vannes, Saint-Léger-près-Troyes, Saint-Lyé, Saint-Mards-en-Othe, Soligny-les-Etangs, Somme-Fontaine-St-Lupien, Spoix, Trancault, Troyes, Turgy, Vendeuvre, Verpillières, Villacerf, Villiers-le-Bois, Voué.

CHEMINÉES EN PIERRE. — Voyez Bar-sur-Seine, Saint-Phal, Troyes.

CIMETIÈRES GALLO-ROMAINS. — Voyez Arcis-sur-Aube, Avirey-Lingey, Bossancourt, Cunfin, Eguilly, Pargues, Saint-Aubin, Saint-Germain, Trainel, Ville-sur-Arce.

— MODERNES. — Voyez Aix-en-Othe, Les Riceys.

CLEFS ANCIENNES ET MODERNES. — Voyez Chappes, Fouchères, Troyes.

COLLECTIONS. — Voyez Les Riceys, Chappes, Troyes.

COLOMBIER. — Voyez Saint-Lyé.

COMMANDERIES DE MALTE. — Voyez La Saulsotte, Troyes.

— DU TEMPLE. — Voyez La Chapelle-Saint-Luc, Dierrey-Saint-Julien, Gérosdot, Mesnil-Saint-Loup, Saint-Julien, La Saulsotte, Troyes.

— TEUTONIQUES. — Voyez Chaumesnil.

COUVENTS. — Voyez Charmoy, Marcilly-le-Hayer, Les Noës, Rigny-la-Nonneuse, Rosières, Saint-Aubin, Saint-Nicolas, Troyes (passim), Villacerf.

CROIX DE CARREFOURS. — Voyez Bernon, Fouchères, Mussy-sur-Seine, Troyes, Vaudes, Villy-le-Maréchal.

— DE CIMETIÈRES. — Voyez Laubressel, Mussy-sur-Seine, Saint-Léger-près-Troyes, Vanlay.

— PROCESSIONNELLES. — Voyez Auxon, Estissac, Savières.

CROMELECK. — Voyez Saint-Aubin.

CUVE A PAPIER. — Voyez Saint-André.

— BAPTISMALE. — Voyez Créney, Troyes (Eglise Saint-Nicolas).

D

DOLMENS. — Voyez Avant-lès-Marcilly, La Fosse-Corduan, Pont-sur-Seine, Saint-Nicolas, La Saulsotte, Trancault, Villemaur.

E

ÉGLISES. — Voyez Arcis-sur-Aube, Bar-sur-Aube, Bar-sur-Seine, Bérulles, Chaource, Chappes, Clérey, Dampierre, Ervy, Isle-Aumont, Merrey, Montreuil, Nogent-sur-Seine, Planty, Poivre, Pont-sur-Seine, Les Riceys, Rosnay, Saint-Jean-de-Bonneval, Saint-Nicolas, Saint-Parres-lès-Tertres, Saint-Parres-lès-Vaudes, Semoine, Somme-Fontaine-Saint-Lupien, Turgy, Villemoyenne, Villenauxe, Ville-sous-La-Ferté.

ÉGLISE FORTIFIÉE. — Voyez Trainel.

ÉMAUX. — Voyez Troyes (Eglise Saint-Pierre).

ENSEIGNES DE PÈLERINAGE. — Voyez Marcilly-le-Hayer, Troyes.

ÉPIS EN TERRE CUITE. — Voyez Céramique.

— EN PLOMB OU EN FER. — Voyez Chavanges, Lentilles.

ÉTABLISSEMENTS GALLO-ROMAINS. — Voyez Auxon, Estissac, Neuville-sur-Vannes.

EXPLOITATIONS DE MINERAI DE FER, OU MÉTALLURGIQUES. — Voyez Aix-en-Othe, La Chaise, Chamoy, Marayeen-Othe, Morvilliers, Nogent-en-Othe, Saint-Benoit-sur-Vannes, Saint-Phal.

F

FERS DE CHEVAUX. — Voyez Couvignon.

— DE CROISÉ. — Voyez Fouchères.

FIBULES CELTIQUES. — Voyez Les Riceys.

— ROMAINES. — Voyez Auxon, Celles, Neuville-sur-Seine, Paisy-Cosdon, Les Riceys.

FIEFS. — Voyez Hampigny, Soligny-les-Étangs.

FLÈCHES. — Voyez Armes.

FLÈCHES D'ÉGLISE. — Voyez Saint-André, Troyes (Eglise Saint-Remi).

FONTAINES ET PUITS. — Voyez Chassenay, Isle-Aumont, Moussey, Saint-Mards-en-Othe, Saint-Martin-de-Bossenay, Troyes.

FORGES GALLO-ROMAINES. — Voyez Chennegy, Estissac, Marcilly-le-Hayer, Montpothier, Paisy-Cosdon, Pouy, Villemoiron.

— DU MOYEN AGE. — Voyez Vendeuvre.

FORTIFICATIONS. — Voyez Arcis-sur-Aube, Auxon, Bagneux, Bar-sur-Aube, Bar-sur-Seine, Buccy-en-Othe, Chassenay, Ervy, Marigny-le-Châtel, Mussy-sur-Seine, Saint-Mards-en-Othe, Troyes, Vendeuvre, Villenauxe.

FOSSÉS. — Voyez Arcis-sur-Aube, Auxon, Bar-sur-Aube, Bernon, Bragelogne, Buccy-en-Othe, Chamoy, Channes, Chappes, Chassenay, Coussegrey, Dosches, Gérosdot, Les Loges-Margueron, Longsols, Marigny-le-Châtel, Marnay, Le Mériot, Montaulin, Mussy-sur-Seine, Neuville-sur-Seine, Neuville-sur-Vannes, Pelet-Der, Piney, Plancy, Rouilly-Sacey, Saint-Benoit-sur-Vannes, Saint-Léger-près-Troyes, Saint-Mards-en-Othe, Troyes, Turgy, Vanlay, Vendeuvre, Villy-le-Maréchal.

FOUR A POTERIES ROMAINES. — Voyez La Saulsotte.

FRESQUES. — Voyez Paisy-Cosdon, Somme-Fontaine-Saint-Lupien, Troyes.

G

GROUPES. — Voyez *Statues*.

H

HACHES CELTIQUES. — Voyez *Armes celtiques*.
HALLES. — Voyez Saint-Benoit-sur-Vannes.
HAMEAUX DÉTRUITS. — Voyez Pâlis, Saint-André, Saint-Mards-en-Othe, Sainte-Maure, Villadin. (Voir aussi *Villes et Villages détruits*.)
HERMITAGES. — Voyez Chennegy, Saint-Mards-en-Othe, Thieffrain.
HEURTOIRS. — Voyez Troyes, Vitry-le-Croisé.
HÔPITAUX. — Voyez Bar-sur-Seine, Bourguignons, Breviandes, Rigny-la-Nonneuse, Troyes.

I

INSCRIPTIONS ANTIQUES, DU MOYEN AGE ET MODERNES. — Voyez Beauvoir, Ervy, Magnicourt, Marolles-lès-Bailly, Les Noës, Les Riceys, Troyes (Eglises Saint-Pierre, Saint-Urbain, Saint-Remi, Saint-Pantaléon).
— FUNÉRAIRES. — Voyez Troyes (Eglises Saint-Pierre, Saint-Etienne, Notre-Dame-aux-Nonnains).

J

JUBÉS. — Voyez Villemaur, Troyes (Eglises Saint-Etienne, Sainte-Madeleine).
JUIVERIE. — Voyez Trannes.

L

LAMPES EN TERRE CUITE. — Voyez Courceroy, Vaudes.
LÉGENDES. — Brienne-le-Château, Chassenay, Vendeuvre.
LIMITES. — Voyez *Bornes*.
LITRES OU CEINTURES FUNÉRAIRES. — Voyez Les Riceys, Vendeuvre, Vulaines.

M

MAISONS EN BOIS. — Voyez Bar-sur-Seine, Chaource, Ervy, Mussy-sur-Seine, Piney, Troyes (*passim*).
— EN PIERRE. — Voyez Bar-sur-Aube, Mussy-sur-Seine, Nogent, Troyes (*passim*).
MANOIRS. — Auzon, Balnot-la-Grange, Bossancourt, Bucey-en-Othe, Buchères, Cunfin, Droupt-Sainte-Marie, Montaulin, Montreuil, Neuville-sur-Vannes, Piney, Rumilly-lès-Vaudes, Saint-Léger-près-Troyes, Vanlay.
MANUSCRITS. — Voyez Troyes.
MÉDAILLES CELTIQUES. — Voyez Saint-Parres-les-Vaudes, Trancault, Troyes.
— ROMAINES. — Voyez Arcis-sur-Aube, Auxon, Balnot-sur-Laigne, Braux, Celles, Cunfin, Estissac, Landreville, Montaulin, Neuville-sur-Seine, Paisy-Cosdon, Pargues, Poivre, Le Riceys, Rouilly-Saint-Loup, Saint-Oulph, Saint-Phal, Sainte-Maure, Sainte-Savine, Saulsotte, Troyes, Vaupoisson, Vendeuvre.
MENHIR. — Voyez Trancault.
MESURE DE CAPACITÉ. — Voyez Troyes.
MÉTAIRIE. — Voyez Fontette.
MÉTALLURGIE. — Voyez *Exploitations*.
MEULES DE MOULINS GALLO-ROMAINS. — Voyez Auxon, Les Riceys, Troyes.
MONNAIES ROMAINES. — Voyez *Médailles*.
— FRANÇAISES. — Voyez Bligny, Bourdenay, Chamoy, Chappes, Essoyes, Montpothier, Trainel, Troyes (*passim*).
MOSAÏQUE. — Voyez Troyes.
MOTTES OU BUTTES. — Voyez Bertignolles, Merrey, Paisy-Cosdon, Pel-et-Der, Roncenay, Villy-le-Maréchal.
MOULINS ANTIQUES, DU MOYEN AGE ET DE L'ÉPOQUE MODERNE. — Voyez Auxon, Barberey, Paisy-Cosdon, Sainte-Maure, Troyes.
MUSÉES. — Voyez Troyes.

O

ORFÉVRERIE. — Voyez Bar-sur-Aube, Troyes, Ville-sous-La-Ferté.
ORGUES. — Voyez Lesmont.

P

PEINTURES DIVERSES. — Voyez Troyes (Eglise Saint-Pierre, et *passim*), et au mot *Tableaux*.
— MURALES. — Voyez *Fresques*.
PÉLERINAGE. — Voyez Moussey, Saint-Parres-les-Tertres, Troyes (chapelle de Sainte-Jule, prieuré de Saint-Quentin).
PERTHUIS. — Voyez La Chapelle-Saint-Luc.
PIERRES CELTIQUES. — Voyez Avant-lès-Marcilly, Babuise, Périgny-la-Rose, St-Nicolas, Soligny-les-Etangs.
— TUMULAIRES. — Voyez *Tombes*.
PISCINES. — Voyez Les Noës, Les Riceys, Troyes (Eglise Saint-Urbain), Valentigny.
PLANS. — Voyez Troyes.
PONTS ROMAINS. — Voyez Bayel.
— MOYEN AGE ET ÉPOQUE MODERNE. — Voyez Bar-sur-Aube, Bar-sur-Seine, Fouchères, Gyé-sur-Seine, Polisot, Polisy, Trainel, Troyes.
PORTES. — Voyez Bar-sur-Aube, Ervy, Troyes.
POTERIES. — Voyez *Céramique*.
PRIEURÉS. — Voyez Avirey-Lingey, Bar-sur-Seine, Ervy, Merrey, Montpothier, Pâlis, Les Riceys, Rigny-la-Nonneuse, Rosières, Saint-Martin-de-Bossenay, Troyes.
PUITS. — Voyez Troyes.

R

RELIQUAIRES ET RELIQUES. — Voyez *Châsses*.

RÉTABLES. — Voyez Perthes, Pouan, Les Riceys, Troyes (Eglises Saint-Jean, Saint-Nicolas, et *passim*), Vaudes.

RUINES. — Voyez Bar-sur-Aube, Précy-Notre-Dame, Troyes.

S

SCEAUX EN CUIVRE. — Voyez Mussy-sur-Seine, Troyes (Eglise Saint-Etienne, et *passim*), Ville-sous-La-Ferté.

SCULPTURES EN BOIS ET EN PIERRE. — Voyez Auxon, Bar-sur-Seine, Ervy, Fuligny, Gérosdot, Magnicourt, Merrey, Montfey, Les Noës, Nogent-en-Othe, Pont-Sainte-Marie, Les Riceys, Saint-André, Saint-Phal, Sainte-Maure, Troyes (Eglises Saint-Remi, Saint-Quentin, Les Jacobins, et *passim*), Ville-sous-La-Ferté.

SÉPULCRE. — Voyez Coussegrey.

SÉPULTURE A USTION. — Voyez Eguilly.

SERRURERIE. — Voyez Montceaux, Mussy-sur-Seine, Troyes (Eglise Saint-Loup, et *passim*).

SIGILLOGRAPHIE. — Voyez Troyes, et au mot *Sceaux*.

SOUTERRAINS. — Voyez Balnot-la-Grange, Brienne-la-Vieille, Les Grandes-Chapelles, Gumery, Pont-Seine, Saint-Phal, Troyes (Eglises Saint-Jean, Saint-Pantaléon).

SQUELETTES, ÉPOQUE CELTIQUE ET ROMAINE. — Voyez Aix-en-Othe, Bar-sur-Seine, Bragelogne, Celles, Neuville-sur-Vannes, Ville-sur-Arce.

STALLES SCULPTÉES. — Voyez Pont-Sainte-Marie, Troyes (Eglise Saint-Pantaléon).

STATUES ET GROUPES. — Voyez Allibaudières, Arcis-sur-Aube, Auxon, Chaource, Chauchigny, Laubressel, Lusigny, Merrey, Montaulin, Les Noës, Nogent-en-Othe, Pâlis, Rumilly-lès-Vaudes, Saint-André, Saint-Aubin, Saint-Julien, Saint-Thibault, Troyes (Eglises Saint-Pierre, Saint-Etienne, Notre-Dame-aux-Nonnains, Saint-Jacques-aux-Nonnains, Saint-Loup, Saint-Martin-ès-Aires, Les Cordeliers, Les Jacobins, Saint Nicolas, Saint-Pantaléon, Saint-Frobert, et *passim*), Vaudes, Vaupoisson, Villacerf.

STYLUM ANTIQUE. — Voyez Paisy-Cosdon.

SUBSTRUCTIONS ROMAINES. — Voyez Aix-en-Othe, Balnot-sur-Laigne, Bar-sur-Aube, Celles, Cunfin, Eguilly, Neuville-sur-Seine, Les Riceys, Saint-Germain, Troyes.

T

TABERNACLE. — Voyez Saint-André.

TABLEAUX ET PEINTURES. — Voyez Bar-sur-Aube, Blaincourt, Neuville-sur-Vannes, Perthes, Piney, Pouan, Les Riceys, Sainte-Maure, Troyes (Eglises Saint-Pierre, Saint-Etienne, Saint-Remi, Saint-Jean, Sainte-Madeleine, Saint-Nizier, Saint-Pantaléon).

TEMPLES CALVINISTES. — Voyez Saint-Mards-en-Othe, Soligny-les-Etangs.

— **PAÏENS.** — Voyez Saint-Parres-les-Tertres.

TEXTRINE. — Voyez Saint-André, Troyes (Eglise Saint-Pierre).

TOMBELLES. — Voyez *Tumulus*.

TOMBES. — Voyez Celles, La Chapelle-Saint-Luc, Créney, Jully-sur-Sarce, Mussy-sur-Seine, Nogent-sur-Seine, Rigny-le-Ferron, Saint-André, Saint-Aubin, Saint-Léger-près-Troyes, Savières, Troyes (Eglises Saint-Pierre, Saint-Urbain, Les Cordeliers, Les Jacobins).

TOMBEAUX CELTIQUES. — Voyez *Tumulus*.

— **ROMAINS.** — Voyez Bar-sur-Aube, Celles, Cunfin, Javernant, Les Riceys, Saint-Julien.

— **MOYEN AGE ET ÉPOQUE MODERNE.** — Voyez Dierrey-Saint-Julien, Fouchères, Nogent-sur-Seine, Romilly-sur-Seine, Saint-Aubin, Troyes (Eglises Saint-Pierre, Saint-Etienne), Ville-sous-La-Ferté.

TUBES EN TERRE CUITE. — Voyez *Céramique*.

TUILES FAÎTIÈRES. — Voyez *Céramique*.

— **ROMAINES.** — Voyez *Céramique*.

TUMULUS. — Voyez Arrelles, Barbuise, Ervy, Lagesse, Saint-Mesmin, Vailly, Villadin, Villenauxe.

U

URNES FUNÉRAIRES. — Voyez *Céramique*.

USTENSILES ET VASES ROMAINS. — Voyez Pouan, Troyes (*passim*), et le mot *Céramique*.

V

VERRERIE ANCIENNE. — Voyez Chappes.

VILLAS GALLO-ROMAINES. — Voyez Estissac, Neuville-sur-Vannes.

VILLES ET VILLAGES DÉTRUITS. — Voyez Bar-sur-Aube, Buxières, Essoyes, La Guillotière, Paisy-Cosdon, Poivre, Les Riceys, Saint-Aubin, Saint-Benoît-sur-Vannes.

VILLES CLOSES. — Voyez Gyé-sur-Seine, Montiéramey, Neuville-sur-Seine, Nogent-sur-Seine, Saint-Mards-en-Othe, Villenauxe.

VITRAUX. — Voyez Bar-sur-Seine, Chappes, Chauchigny, Ervy, Marcilly-le-Hayer, Marigny-le-Châtel, Nogent-sur-Seine, Les Riceys, Troyes (Eglise Saint-Pierre).

VOIES ROMAINES. — Voyez Bercenay-en-Othe, Chamoy, Chennegy, Cunfin, Estissac, Saint-Germain, Saint-Phal, Saint-Usage, Sainte-Savine, Trannes, Troyes.

www.ingramcontent.com/pod-product-compliance
Lightning Source LLC
LaVergne TN
LVHW052107090426
835512LV00035B/1311